JN215898

パターンを覚えるだけで

勝率7割超！FXチャートの読み方

欧米投資家が好んで使う
プライスアクション
の教科書

陳 満咲杜
CHIN MASATO

CrossMedia Publishing

はじめに

ＦＸトレードの上達は、外国語の習得に似ています。

右も左もわからないＦＸ初心者にとって、為替レートの値動きは聴いたこともない外国の言葉のようなものです。

値動き一つ一つには「意味」がありますが、その意味を「聴きとる」ためには、訓練が必要になります。

練習を積んで経験を重ねれば、やがて、値動きの背後にある相場の本音や投資家の心理を自分なりに理解できるようになるでしょう。

しかし、外国語の習得は「ヒアリング」だけで終わりではありません。次は、自ら話す「スピーキング」が待ち構えています。

現在の値動きを解読して、「現状はこうだから、次はこうなる」とシナリオやプランを立て、実際にトレードという「行動」を起こすのが、そのステップの課題になります。

いちいち、頭の中の母国語を外国語に翻訳してカタコトで喋るようなトレードでは、リアルな値動きについていけません。間に合わない、といってもいいでしょう。

時々刻々と変化する為替市場を自由に渡り歩くには、通訳なしで外国語が直接、頭の中に浮かんでくるようなスピードや機敏さが必要です――。

本書で取り上げるＦＸの手法「プライスアクション」は、日本語では「値動き」を意味します。

はじめに言葉ありき、はじめに値動きありき。

為替相場において何よりも最初にあり、かつ、いつまでも重要なのは「値動き」しかありません。

プライスアクションは、値動きそのもの、ローソク足チャートそのものが発するメッセージ、つまり、市場が発する「言葉」を読み取るための技法なのです。

なぜプライスアクションなのか？ それは、「FXの利益のすべては値動きから生まれる」からに他なりません。

日本の投資格言にも、「相場のことは相場に聞け」という教えがあります。

FXで成功するには、相場の値動きが発する「声」を聴きとるしかないのです。

プライスアクションは欧米の投資家にとっては、FXトレードにおける「いろはのい」のようなもの。ごく当たり前に使われている投資手法です。

しかし、これまでプライスアクションを体系的に紹介した本はあまり見かけませんでした。本書はより多くの実例からケーススタディを通してプライスアクションを実戦で活用できるようになる本だと自負しています。

ローソク足チャートの真実、プライスアクションの技法が、あなたのFXトレードにとって大いに役立つことを、心から願っています。

２０１８年８月

序章

第1章

プライスアクションのシグナル

第2章 プライスアクションをより輝かせる最強テクニカルGMMAの見方、使い方

第3章 プライスアクション＋ＧＭＭＡを使った実戦売買

第4章 相性抜群！ トラッキングトレードとプライスアクション&GMMA 仮想通貨にも使える！

本書はFX（外国為替証拠金取引）の仕組みや売買方法についての情報提供を目的にしたものです。FXは預け入れ額を超える損失の可能性がある金融商品です。投資に関わる売買他あらゆる判断はご自身の自己責任において行ってください。投資によって生じたいかなる損失についても著者の陳満咲杜氏および当社、情報提供会社は一切の責任を負いません。

本書の内容は2018年8月1日現在のものであり、予告なく変更されることもあります。

序章

トレンドが形成される背景とは？

ロング筋・ショート筋の攻防が値動きを生む

ＦＸのトレードは勝者と同じだけ敗者がいる、典型的なゼロサムゲームの世界です。

株式投資は投資した企業が成長して、収益が増え続ければ、投資した人すべてが勝者になることも可能です。対して、各国の通貨を「交換」しているだけのＦＸの場合、米ドルが日本円に対して10％上昇するのは、日本円が米ドルに対して10％下落するのと同じことです。

米ドルを買って儲けた人の裏側には、日本円を買って損した人が必ずいる、プラスマイナスゼロの厳しい世界、それが外国為替市場なのです。

そのため、ＦＸトレードでは、買い手と売り手のどちらが勝者／敗者かを値動きから察知し、素早く勝ち馬に乗る、負け犬を叩くといった、抜け目なく、かつ節操のない行動が求められます。

では、為替レートの値動きを作っているのは、いったい誰でしょう？

それは、ある通貨ペアの買い手である「ロング筋」と、売り手である「ショート筋」です。

ＦＸの値動きはある意味、ロング筋とショート筋の攻防によって生まれます。

為替レートはロング筋が勝てば上昇し、ショート筋が勝利すれば下落します。

いったんショート筋が勝ったように見えたものの、ロング筋の猛反撃にあって敗走を迫られると、チャート上には長い「下ヒゲ」が出現し、手痛い反撃を受けたショート筋は先に攻撃に出た分、単純

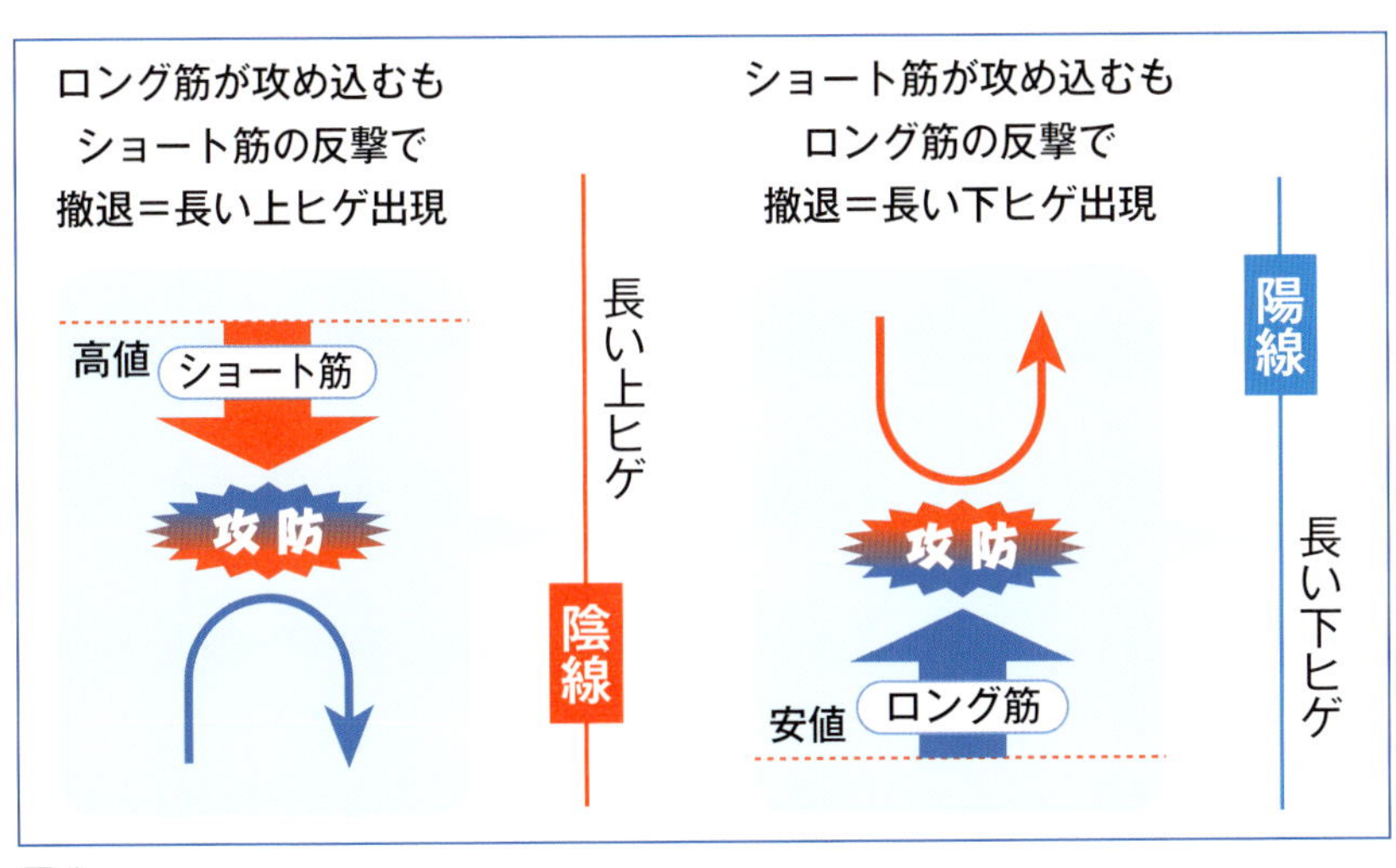

図1

な負け戦以上のダメージをこうむります（図1）。

こうしたローソク足の動きから、ロング筋・ショート筋の攻防を読み取り、次なる為替相場の展開を予測するのが「プライスアクション」という分析法です。

世の中には移動平均線、ボリンジャーバンド、一目均衡表など、さまざまなテクニカル指標がありますが、その計算式の土台になっているのも値動きそのもの。すべてのテクニカル指標の土台となって、最も直接的で生々しいシグナルを発してくれるのがプライスアクションなのです。

たとえ、FX投資の世界でアルゴリズムやAI（人工知能）を使った取引が主流になろうが、ビットコインのような新しい投機相場が出現しようが、その裏には必ず人間特有の欲望や感情、心理、思考、行動パターンが埋め込まれています。それを読み取るのがプライスアクション。どんなにトレード技術が進化しても、有効性は変わりません。

ファンダメンタルズよりテクニカルが重要

ＦＸの現状把握には、各国の経済状況から通貨の強弱を読むファンダメンタルズ分析、過去の値動き自体から現状を把握するテクニカル分析の２つがあります。

私はテクニカル分析こそ、私たち個人投資家がＦＸで勝利するために必要な最強の武器だと考えています。

もし、為替相場がファンダメンタルズ通りに動くなら、「マクドナルドのビッグマックがいくらで買えるのか」で各国の為替レートが固定化されてもおかしくありません。

一物一価の原則で為替レートを割り出す方法は「購買力平価」と呼ばれますが、現実の為替相場は同理論から割り出したレートから大幅に乖離しがちです。

ファンダメンタルズには、金利差や経済成長率やインフレ率がありますが、確かに長いスパンで見ればファンダメンタルズに従って為替レートの水準が決まるにせよ、具体的な為替レートの値動きをいちいちファンダメンタルズで説明することは不可能です。

「日米のＧＤＰがいくらだから、米ドル／円の為替レートはいくらになる」という確たる方程式や計算式はありません。

株式投資なら、「いい会社」「今後伸びる企業」をじっくり見守るといったファンダメンタルズ的なアプローチもありえるでしょう。しかし、FXのように勝者の裏に必ず敗者がいるようなゼロサムゲームの性質が強いマーケットでは、価値の概念そのものが曖昧です。為替レートの推移も、相場に参加しているロング筋とショート筋の戦いの結果を反映したものに過ぎないという面が強いのです。

私は、ロング筋・ショート筋の攻防に代表される**市場参加者の間の見えない力関係のことを「内部構造」と呼んでいます。**

より的確なテクニカル分析を行うことで、為替レートの値動きの中に宿る内部構造を見抜き、勝ち馬に乗ることがFX取引における勝利の近道なのです。中でも重要な原則は、チャート上に出現する暴落や急騰など、強い値動きの多くは勝者よりも敗者によって作られることが多い、という残酷な事実です。

たとえば、為替レートが上昇を続けているときの勝者は買いで勝負しているロング筋になりますが、ロング筋の命題は「できるだけ安く買うこと」です。つまり、上昇が続いて利益が乗って余裕のある状態では、むやみに高値を追って買うことはせず、取引に対する緊迫感も比較的薄くなります。

それに対して、売りで勝負したものの為替レートの上昇でどんどん含み損が拡大しているショート筋はどうでしょうか？

彼らは損失の拡大によって資産が目減りし、追い詰められ、緊迫した状況にあります。

追加の売りを入れても上昇が止まらず、損失が膨らむばかりの状況になると、できるだけ早く損失を限定したいという一心で、我先に、と損切りの買い決済注文を発注することになります。

その緊迫度や余裕のなさは利益確定の比ではなく、雪崩を打つように性急に、脱兎のごとくあわただしい損切りが行われるのです。

ショート筋の損切りは売りポジションを手仕舞うための買い決済になります。そのため、負け戦を強いられたショート筋の損切り行動が急激な為替レートの上昇をもたらす原動力になります。

一方、投資家が投資する目的に焦点を当てれば、どんなに強い上昇や下落もいつかは失速することがわかるはずです。

投資家がＦＸに投資する目的は為替レートの値動きから利益を上げること以外ありません。

為替レートの上昇が続いているとき、買い手であるロング筋は何を考えるでしょうか？

予想が当たって買いポジションに含み益が出れば、当然、「為替レートが下落しないうちに利益を確保したい」という欲求にかられます。そのため、為替レートの上昇が続くと、一部のロング筋の利益確定売りで、必ず為替レートがいったん下がることになるのです。

上昇過程における小反落（押し目）、下落過程における小反発（戻り）は、市場参加者が利益を得るためにＦＸトレードを行っている以上、避けて通ることができない値動きです。

チャートを見れば、どんな通貨ペアでも、ジグザグと山（高値）と谷（安値）を作って値動きしているのはそのせいです。

市場参加者の損切りと利益確定、２つの決済行動によって相場は上下動を繰り返します。その値動きの特徴から相場心理を解読し、次の動きを読み取るのがプライスアクションなのです。

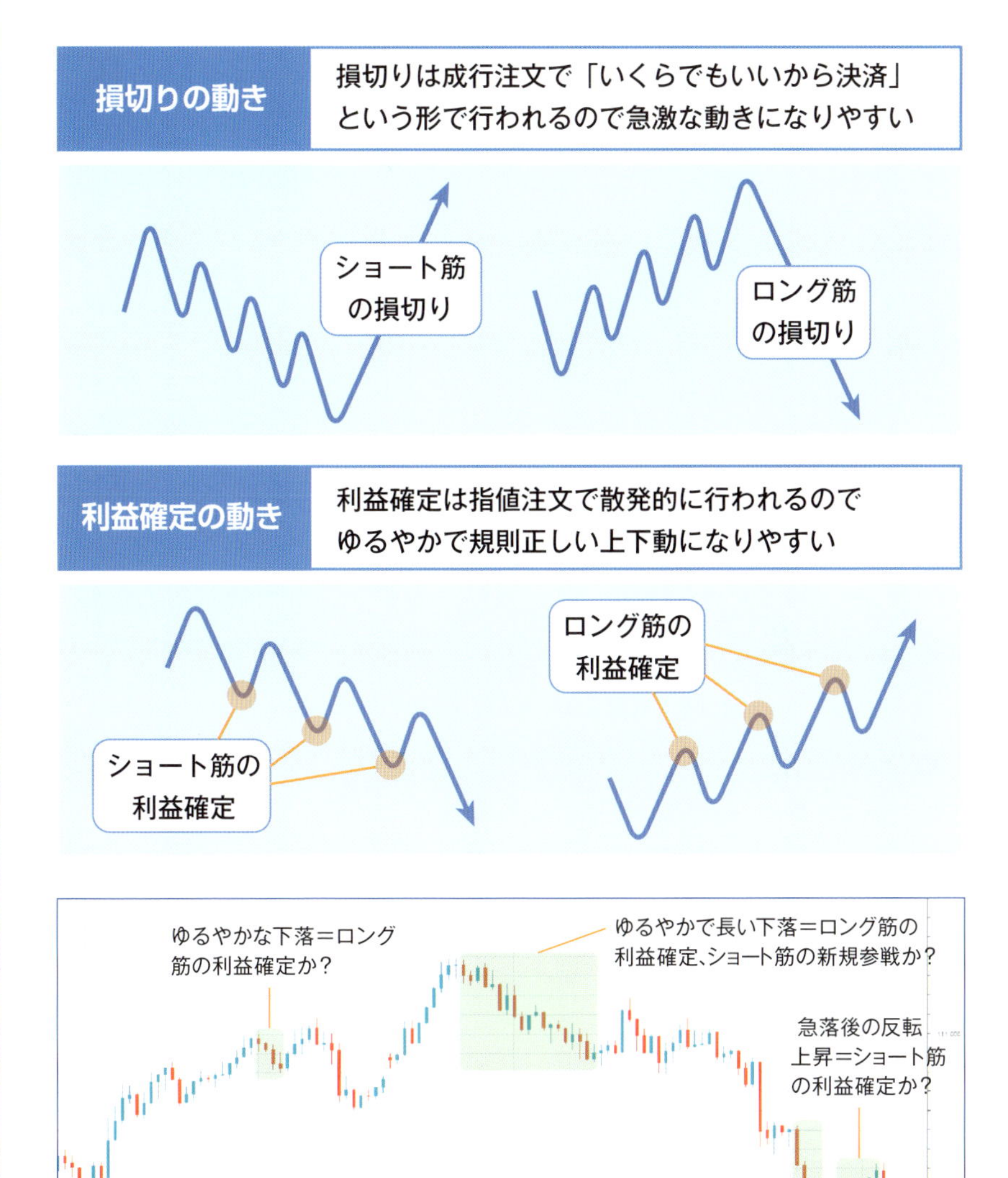

図2　ドル／円　１時間足（２０１８年5月１７日～２４日）

投機センチメントとトレンドの関係

ＦＸの取引ではトレンドが重要といわれます。トレンドは為替レートの方向性を示しますが、その背後には買いと売り、ロングとショートに分かれて戦っている投資家の勢力争いがあります。ロング筋が勝っていれば上昇トレンド、ショート筋が勝っていれば下降トレンド、両者の力が拮抗していればレンジ相場というのが、相場の内部構造に照らしたトレンドの正体です。

そして、先ほども見たように、トレンドが始まるのは勝者のせいではなく、敗者による損切り行動が原因の場合が多くなります。

ロング筋とショート筋、どちらが敗者なのかが明らかになれば、勝者は敗者を水に落ちた犬のように容赦なく叩きのめし、勝ち馬に乗ろうと新規参入組が大挙参加し、さらには逆張り好きな投資家の損切り行動によってトレンドは加速していくことになります。

トレンドを推進するエネルギーになるのが、トレンドフォロワーたちの新規買いでなく、トレンドに対して逆張りした投資家の損切り行動だというと、多くの人は信じられないかもしれません。

トレンドがはっきりしているのに、その反対に賭けるなんて、まるで猛スピードで走ってくる電車に真っ向からぶつかりに行くようなものです。

しかし、「天井で売って底値で買いたい」と考える人は、個人投資家にもプロのトレーダーにもたくさんいます。「なるべく高値で売りたい」という強欲が、上昇トレンドの初動段階における急騰を「上がりすぎ」ととらえ、逆張りの売りに走らせます。下降トレンドにおける暴落を「割安」ととらえた「勇者」は、落ちたナイフをつかむように買いを入れます。

ある意味、彼ら逆張り派の無謀なトレードを「肥し」にして、トレンドはますます力を増していくといっても過言ではありません。

ＦＸ会社が発表する売買動向を見れば、日本の個人投資家には非常に根強い「逆張り志向」が存在していることがわかります。

「上がると売り、下がると買う」逆張り志向の強い日本の個人投資家が順張り派に比べて多いことは、世界のプロの投資家たちも意識するほどになっています。

個人投資家がトータルで見たとき、買いか売りか、どちらに傾いているかを示したネット・ポジションの動向は、プロの投資家にも重宝される指標です。というのも、ネット・ポジションのバランスが偏るほど、逆張りで臨む個人投資家全体の思惑とは真逆の方向に相場が動きやすいので、その逆に賭ければ儲かるからです。逆張り志向の強い個人投資家はまさに相場の「反面教師」といえます。

多くの個人投資家が、「敗者」としてＦＸというゼロサムゲームを支えているのはなんとも悲しい限りです。ＦＸで成功を収めたいなら、根強い逆張り志向を脱して、トレンドフォロー、順張りに徹するためのテクニカル分析、値動き分析を心掛ける必要があるでしょう。

プライスアクションとトレンド系指標の組み合わせが最強の理由も、そこにあります。

値動きが発する「言葉」に耳を澄ます

プライスアクションは、ローソク足が発する「声」に耳を澄ますことから始まります。

図3は２０１６年11月９日、ドナルド・トランプ氏が第45代アメリカ大統領に選出された日を挟んだ米ドル／円の日足チャートです。

拡大した、長いヒゲのある**ローソク足**Ａがトランプ大統領が選出された日の値動きになります。

パッと見て、感じたことは何でしょうか？

下ヒゲもいれると、約５円という極端に大きな値幅から、米ドル／円がたった１日の間に激しく上下に値動きしたのは明らかです。

稀に見る長さの下ヒゲから、当初、米ドル／円がこれまでの安値を大きく下回るほど急落したこと、つまり、ショート筋が売りを浴びせてロング筋を追い詰めたことがわかります。

下ヒゲ＝急落の最中には、きっと、ロング筋が下値で発注していた損切りの逆指値注文が大量に発動され、「トランプ大統領選出＝世界の破滅」と考えたショート筋が大量の新規売り注文を浴びせて、相場をどんどん押し下げたことが推察できます。

しかし、下ヒゲ先端の安値から米ドル／円は１８０度大転換し、前日のローソク足の終値を少し越えたところまで上昇し、最後は終値が始値より高い陽線で終わっています。

図３　ドル／円　日足（2016年5月27日～11月30日）

急速な切り返しの裏では、ロング筋・ショート筋の形勢が大逆転し、当初猛攻に打って出たショート筋による死に物狂いの損切り決済が行われていたはずです。まさにショート筋にとっては「惨憺たる敗北」「阿鼻叫喚の負け戦」です。

大量の売りポジションを抱えて、買い決済しようにも肝心の売る相手がまったく見つからず、スカスカの売り注文が損切りの成行買いで次々に約定して、為替レートはあっという間に反転急騰に転じました。

図3のローソク足を見て、その裏にショート総崩れ、ロング圧勝の動向を読むことができれば、次の行動は比較的簡単でした。

つまり、「ショート筋の損切りはこの日だけでは終了しておらず、新規のロング筋参入で、米ドル／円は今後も急騰するのは火を見るより明らか」という確信のもと、買いで勝負することができました。

図3のローソク足で起こった値動きを要約すると、「いったん急激に下落したものの、そこから見事な切り返しを見せて上昇に転じた」ということになります。

当時のFX市場では、移民排斥や保護主義を掲げたトランプ氏が大統領に就任すると、米ドル／円は暴落するに違いない、というのが市場のコンセンサスでした。

また、トランプ氏がまさか世界一の大国である米国大統領に選出されるはずがない、という思惑や油断も根強くありました。

そうした事前予想がことごとく裏切られたことで、市場は動揺し、いったん巨大な下ヒゲをつけて米ドル／円は暴落。しかし、「いや待てよ、大型減税や大規模公共投資といった政策を掲げるトランプ氏が大統領になれば、米国の景気は劇的によくなる。財政赤字穴埋めのために米国債が大量発行されて長期金利も上昇するので、日米金利差拡大から見ても、これは買いじゃないのか？」というポジティブな相場心理が劇的に沸き上がりました。

その勢いに乗って、米ドル／円は前日の終値を上回る高値まで急速に切り返し、高値引けして、ドラマチックな1日の取引が終わったのです。

プライスアクションでは、極端に長いヒゲを非常に重要視します。

図3で出現した、トランプ大統領選出時の**ローソク足**Aの極端に長い下ヒゲを見るだけで、売りで勝負したものの値動きの反転上昇で総撤退を迫られたショート筋の「叫び声」が聞こえてきます。

このローソク足（値動き）たった1本によって相場環境が一変し、それまで下降が続いてきた米ドル／円が上昇トレンドへ大転換する「シグナル」を感じることができるでしょう。

極端に長い下ヒゲは売りで勝負したショート筋の敗北を示し、ショート筋の勢いがそがれたことで、その後は反対方向、すなわちロング筋の買いが増勢となって上昇に転じやすい、というのが、下ヒゲを見るときの基本的な考え方になります。

逆に極端に長い上ヒゲはロング筋の撤退を示し、その後はショート筋の勢力増強に貢献しやすい、と考えます。

単にヒゲを見るだけで、その裏で繰り広げられているロング筋・ショート筋の、実際のお金をかけた死に物狂いの攻防を読み取ることができるかどうかが、FX市場という戦場で弱者である個人投資家が生き残るための生命線となるのです。

図3のローソク足Aが発する具体的なシグナルについては、P84～で詳しく説明します。

ただ、当時の日本の個人投資家は、トランプ大統領選出＝米ドル売りと杓子定規に考えて、逆張りの売りで入って大損した人が多いといわれています。

もし、プライスアクションという「文法」のさわりだけでも知っていれば、そんな敗者の一員にならずにすみました。

すなわち、この下ヒゲの長い陽線の出現によって米ドル／円のトレンドが上昇へと大転換したことを察知し、このローソク足が過去の高値を突破した地点などで、すかさず買いを入れることで、その後の急騰を大きな利益に変えることができたはずです。

プライスアクションが当たりやすい理由

テクニカル分析の原則は、多くの投資家が注目しているものほど当たりやすい、です。移動平均線やボリンジャーバンドといったテクニカル指標は値動きから数値を抽出して計算式に当てはめないとチャート上に表示されません。

全世界のＦＸ投資家の目に、まず最初に飛び込んでくるもの、それこそがローソク足の値動き、すなわちプライスアクションです。

テクニカル分析は誰もが知っていれば知っているほど、陳腐化して有効性がなくなるという性質のものではありません。逆に多くの投資家がプライスアクションを重視すればするほど、その有効性や確実性がなお一層増幅されていきます。一言で言うなら、「プライスアクションは多くの投資家に注目されているからこそ、当たりやすい」のです。

むろん、問題はそんなに単純ではありません。なにしろ、個人投資家にしても、機関投資家にしても、頭がよく相場のことを知り尽くしているツワモノは大勢います。彼らはお互い知恵を絞り合い、チャンスをいち早くつかもうと睨み合い、相手をワナにかけようと常にダマし合いながら、戦っています。

プライスアクションが優れているのは、相場の不確実性自体を「ダマシ」というシグナルと見なし、不確実性によって起こる値動きを解明しようとしている点です。

考えてみれば、「為替相場が今後どうなるか誰にもわからない」という相場の不確実性がなければ、値動きは生まれません。「未来のことは誰もわからない」という疑心暗鬼の中にいるからこそ、大きな利益を生み出すような値動きも生まれるのが、ＦＸ取引の醍醐味です。

ちょうど、日本語の「結構です」という表現が、果たしてＹＥＳなのかＮＯなのか、その言葉を発する人、受け取る人によってまったく意味が違ってくるように、相場の言葉をどう解釈するかはトレーダー次第の面もあります。

よく、京都人は「どうぞ、おあがりやす」と言いながら、その実、「早く帰ってほしい」と思っていたりするなど、言葉自体に二重の意味を持たせるといわれます。

よそ者が京都を訪れ、言葉自体の「多重構造」を知らずに振る舞うと悔しい目に遭うことも多いように、為替相場の値動きにも「いけずやわ、ほんまに」と、あとで悔しい思いをすることが多いものです。

こうした相場の「意地悪さ」「不条理さ」はテクニカル指標の「ダマシ」となって現れます。

多くのテクニカル分析では「ダマシ＝そのテクニカル指標の限界」ととらえますが、プライスアクションでは「値動きに生じたダマシ自体もまた適切なシグナルである」と考えます。

先ほどのトランプ大統領選出時の歴史的なローソク足でいうなら、極端に長い下ヒゲが「ダマシ」になります。しかし、ダマシとなった極端に長い下ヒゲの裏には、最初、売りで勝負して壊滅的な打撃をこうむったショート筋の歴史的敗北がありありと映し出されています。その背景を読めるかどうか。ダマシの裏にある市場参加者の叫び声に耳を澄ませられるかどうかが勝負の分かれ目になります。

つまり、「ダマシこそが最高のシグナル」というのがプライスアクションの最も核心的で、最も斬新な考え方であり、プライスアクション分析が日本古来の罫線分析より優れている点のひとつといえるのです。

「利益はすべて値動きから生まれる」

「現状を把握するには値動きを分析するしかない」

「みんなが注目しているから当たりやすい」

「ダマシにも対処法があり、ダマシこそ最強のシグナルになりうる」

こうした基本原理が、プライスアクションがFXトレードの最大公約数といっていい理由です。

「なぜプライスアクションが必要か」を問うのは、魚になぜ水が必要かを問うようなものです。

値動きは市場参加者全員の行動の集大成として生まれるものですが、すべての投資家は「自分は合理的な判断をして行動している」と考えています。

その根拠となる「ロジック=文法」が、プライスアクションです。訓練に訓練を重ねて、FXの言葉の裏に潜む文法、ロジックを身につければ、為替相場の流れや値動きの方向性を読み取れるようになるでしょう。

外国語が流暢に話せるように、値動きの綾や文脈、相場の起承転結や物語をとらえた現状分析を行うことができるようになるのです。

第1章

FXの真実・プライスアクションとは何か？

プライスアクションと酒田罫線の違い

「プライスアクション」を日本語訳すると「Price＝価格」の「Action＝動き」。つまり、「値動き」という非常に単純な言葉になります。

プライスアクションの理論は欧米の投資家の間で「値動きそのものから相場の現状を把握して売買プランを立てる技法」として広く普及しており、今も使われています。

何か特別な計算式があるわけでなく、値動きそのものを見て最初に感じるものこそがプライスアクションですから、その理論は欧米の投資家すべての相場分析や投資行動に半ば「無意識のうち」に多大な影響を与えているといってもいいでしょう。

日本でも、ローソク足を使った値動き予測は「罫線分析」と呼ばれ、非常に重要視されてきました。江戸時代の米相場に登場した「酒田罫線」は特に有名です。

プライスアクションも値動きそのものを分析する点で、日本の罫線分析と多くの共通点を持ちます。しかし、値動きのどこに焦点を当てるか、重心の置き方が少し異なります。

プライスアクションが重視しているのは、値動きの裏にある投資家の損益事情であり、買い手と売り手に分かれて攻防を繰り広げている投資家の力関係です。すべての値動きは投資家の売り買いによって生まれる以上、値動きから投資家の力関係を読み取ることができないと現状把握もできません。

そうした投資家事情を、高値や安値の更新や支持帯、抵抗帯の存在から解読しようとするのが、プライスアクションの本質です。

市場のマジョリティである欧米の投資家が非常に重要視しているからこそ、プライスアクションは日本の酒田罫線などよりもポピュラーで、「みんなが注目しているからこそ当たりやすい」という法則が成り立ちます。

にもかかわらず、プライスアクションの解説書は日本にはこれまでほとんどありませんでした。だからこそ、その真実を伝える意義はとても大きい、といえるでしょう。

とはいえ、欧米で主流のプライスアクションにおいても、値動きの分析に使うのは主に日本生まれのローソク足チャートである点は変わりありません。

酒田罫線を聞きかじったことがある人なら、ごく自然にプライスアクションの理論も理解できるようになるはずです。

両者の違いは、同じ値動きの中でも、どのポイントに注目するかにあります。

日本の罫線分析では、実体部分の長さで「大陰線」「小陽線」などローソク足の形状や組み合わせを分類したり、上ヒゲ・下ヒゲの長さで値動きの勢いを見ます。

対して、欧米流のプライスアクションでもローソク足の形状に注目しますが、１本のローソク足の形よりも、当日と前日など前後のローソク足の終値や高値・安値の比較に重点が置かれています。

欧米では値動きを「トレンド（方向性）」と「モメンタム（勢い）」という2つの基準で見るのが一

般的です。

「トレンド」というのは、連続した値動きの中で、高値や安値が切り上がったり、切り下がったりすることで生まれます。

「モメンタム」は、高値や安値を更新する勢いや角度の強さや弱さを見るものです。

「値動きが生み出すトレンドやモメンタムの分析」に重心を置いている点が欧米流のプライスアクションが日本の罫線分析とは若干、異なる点でしょう。

言わずと知れたローソク足の仕組みを**図1-1**に示しました。もう一度よく見てください。ここに示された値動きというのは、実際に投資家が取引をしたことで生まれたものです。その日の高値はそこで実際に、その通貨ペアを買って損している投資家がいる地点ですし、安値はそこで売って損している投資家が存在する地点です。

プライスアクションの分析をする際は、投資家の売買がダイレクトに値動きを生み出しているのだ、という認識を持つことがとても重要なのです。たとえば、ローソク足が陽線の場合、その日の始値で買った投資家は終値が始値より高いので、確実に儲かっています。逆に始値で新規の売りポジションを持った投資家は終値の時点では確実に損しています。

いかに陽線といっても、その日のローソク足の上ヒゲの頂点すなわち、その日の最高値で買ってしまった投資家はその後の終値が高値より低い位置にあれば、確実に損しています。

ローソク足の示す「始値、高値、安値、終値」の裏には、実際にそのプライスを作った投資家たち

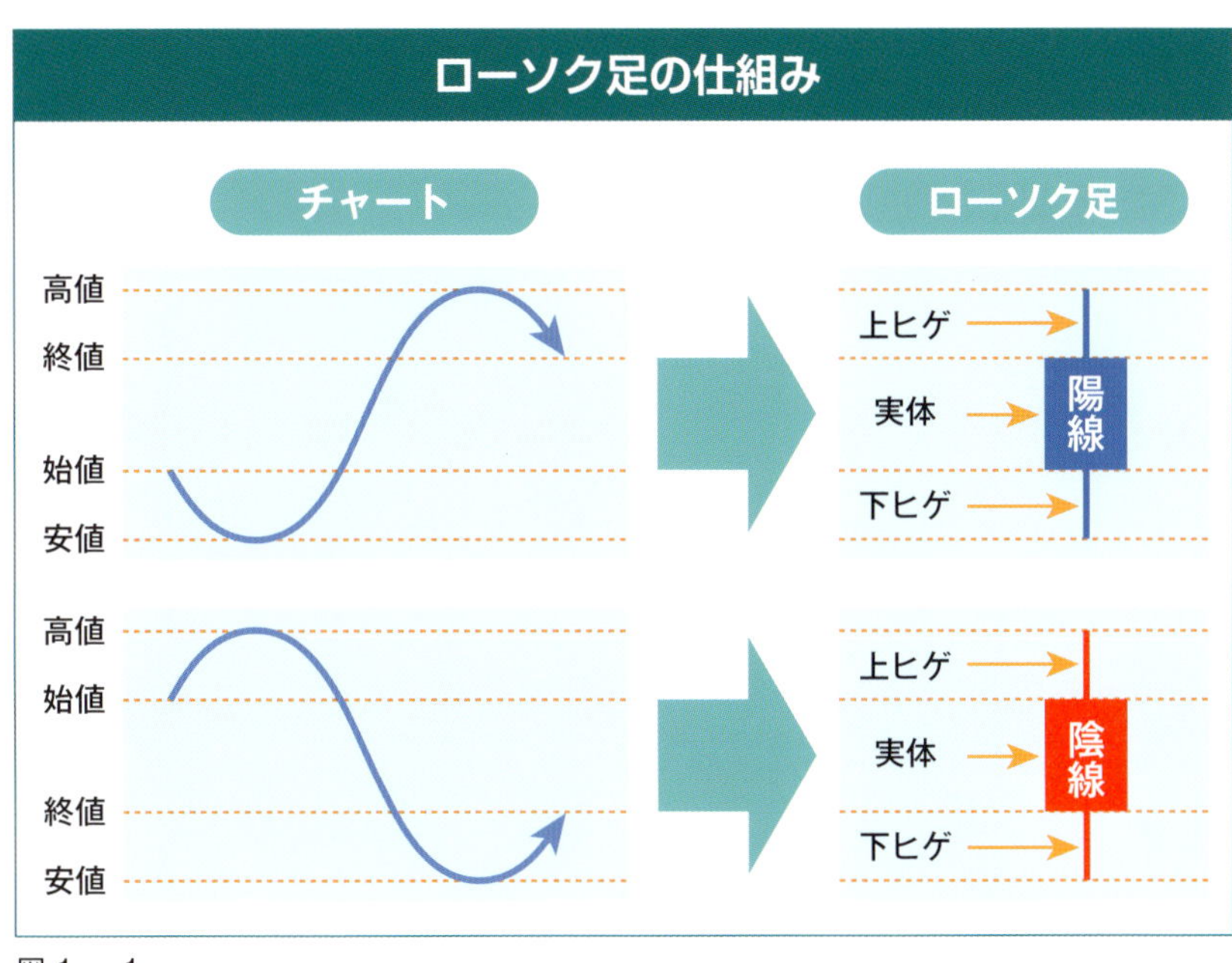

図１－１

がおり、彼らの損益状況はローソク足が示す形状によって決まってくるのです。

だからこそ、「当日の終値が前日の高値を越えた」「当日の終値が前日の安値を割り込んだ」という認識や「ここ数日の高値を大きく上回る高値をつけたものの、その後、前日の安値を割り込んで終わった」といった分析に大きな意味があるわけです。

プライスアクションが重視するのは、ローソク足の形から推測できる投資家の力関係や損益事情の変化です。「大陽線」は買い手の勝利、「大陰線」は売り手の勝利ですし、「長い上ヒゲ」は買い手が攻勢に出たものの売り手の反撃で撤退を迫られた証拠になります。

ローソク足の形からロング筋ショート筋のどちらに勢いがあるかを判断して現状把握に役立てるわけです。

プライスアクションは上ヒゲ・下ヒゲを重視する

日本の罫線分析は、ローソク足の形状自体をシグナルととらえる傾向が顕著です。

それに対して欧米のプライスアクションは、ローソク足をパターン化した形に落とし込むのではなく、過去の高値や安値をその後のローソク足がブレイクするかしないか、形というよりも動き自体を重視します。

欧米テクニカル分析の始祖といわれるダウ・ジョーンズ氏は「高値を切り上げるのが上昇トレンド、安値を切り下げるのが下降トレンド」と述べ、「トレンド＝潮流」というコンセプトで値動きをとらえようとしました。

その影響を色濃く受けるプライスアクションにおいても、重視されるのは過去の高値や安値です。そのため、同じローソク足の中でも、実体部分の上辺・下辺すなわち始値、終値よりも上ヒゲや下ヒゲが示す高値・安値をより重要視する傾向が強いといえます。

トランプ大統領選出や英国のＥＵ離脱、北朝鮮のミサイル発射や米国雇用統計、米国の政策金利を決める連邦公開市場委員会（ＦＯＭＣ）など、政治的な大事件や経済的なビッグサプライズが起こると、市場は動揺し、大きな上ヒゲや下ヒゲをチャート上に残します。

そうした突発的な要素の影響を受けやすい「ヒゲ」は、例外的な値動きとしてあまり重視しない投資家もいます。しかし、どんな値動きにも必ず意味があり、「例外的」「異常値」と思える上ヒゲ、下ヒゲがあるのもそこに買い手、売り手がいたからこその話です。

上ヒゲの先端には一番の高値で買ってしまって大損した買い手、下ヒゲの先端には最安値で売って大損した売り手が必ず存在し、その売買痕跡がその後のロング筋・ショート筋の攻防にも大きな心理的影響を与えることになるのです。

上ヒゲの最先端はここまで上がったらまた下がる可能性の高い抵抗帯として意識され、ロング筋からするとショート筋から手痛い反撃を食らう不安や恐怖を感じやすい価格帯になります。

反対に下ヒゲの最先端はそこまで下がったらまた上がる可能性が高い支持帯となり、ショート筋からすると過去に受けたロング筋による反撃を警戒して、利益確定の買い決済に走りやすい価格帯になります。

逆に、心理的な圧力を感じやすい抵抗帯や支持帯を突き破る動きがあれば、抵抗帯ブレイクならロング筋の勝利、支持帯ブレイクならショート筋の巻き返しになります。

これまでショート筋の牙城だった抵抗帯はロング筋の占拠する支持帯に変わり、ロング筋の拠点だった支持帯はショート筋の新たな陣地に早変わりします。

世界中の多くの投資家が、実体よりヒゲが指し示す高値や安値をより重要視する傾向が強いのは、逆に言うと、過去の高値や安値を越えるような値動きに最大限の注意を向けるのがプライスアクションの肝だからなのです。

一つのローソク足が複数の意味を持つ場合もある

プライスアクションのシグナルは、一つのローソク足の値動きが複数の意味を持つケースも多くなります。

これについてはあとで見ていきますが、「一つのローソク足でたくさんのシグナルが複合的に点灯している場合、そのローソク足が今後の値動きに与える影響、インパクトは大きくなる」と考えるのがセオリーです。また、プライスアクション最大の特徴は「売買シグナルがダマシに終わった場合、シグナルとは反対方向の動きが強化される」という考え方です。

個人投資家の中には100％確実に的中する必勝法しか信用しないという人も多く、ダマシが少しでもある分析法は使い物にならないと、そっぽを向いてしまう傾向があります。

しかし、100％確実な必勝法など、そもそも、どこにも存在しません。

すべてのテクニカル分析には、必ずダマシがあります。

ＦＸトレードというゼロサムゲームが成立するためには、「ダマしたことで利益を得る投資家」の裏に必ず「ダマされて損をする投資家」が必要です。

値動きにダマされる人がいない限り、値動きを的中させて利益を得る投資家も生まれないのです。

それがＦＸという戦場における、ダマシの本質です。

そう考えると、テクニカル指標をめぐるダマし合いこそが利益の源泉であり、テクニカル分析が当たらないからといって、「ダマシ＝使いものにならない」と切り捨てていては、いつまで経っても取引できないことがわかるでしょう。

ダマシをどう解釈し、ダマシにあったときにどのように取引をコントロールしていくかが、ＦＸという修羅場で求められる知恵や技法、心構えといえるのです。

以下、プライスアクションの特徴をまとめると、

●プライスアクションは高値・安値、上ヒゲ・下ヒゲを重視する
●プライスアクションは過去の高値＝抵抗帯、過去の安値＝支持帯と見なし、過去の高値・安値に対する特徴的な値動きに注目する
●抵抗帯はいったんブレイクされると支持帯に、支持帯はいったんブレイクされると抵抗帯に早変わりすると考える
●プライスアクションのシグナルは一つのローソク足に一つではなく、たくさんのシグナルを発するローソク足があり、複合的、多義的なローソク足ほどその後の値動きにも大きな影響を与えやすい
●プライスアクションにおいては「ダマシは反対方向への値動き加速のシグナル」と考える

といったものになります。

こうしたプライスアクション自体の特徴を踏まえたうえで、それぞれの定義と具体例を見ていくことにしましょう。

プライスアクション一覧

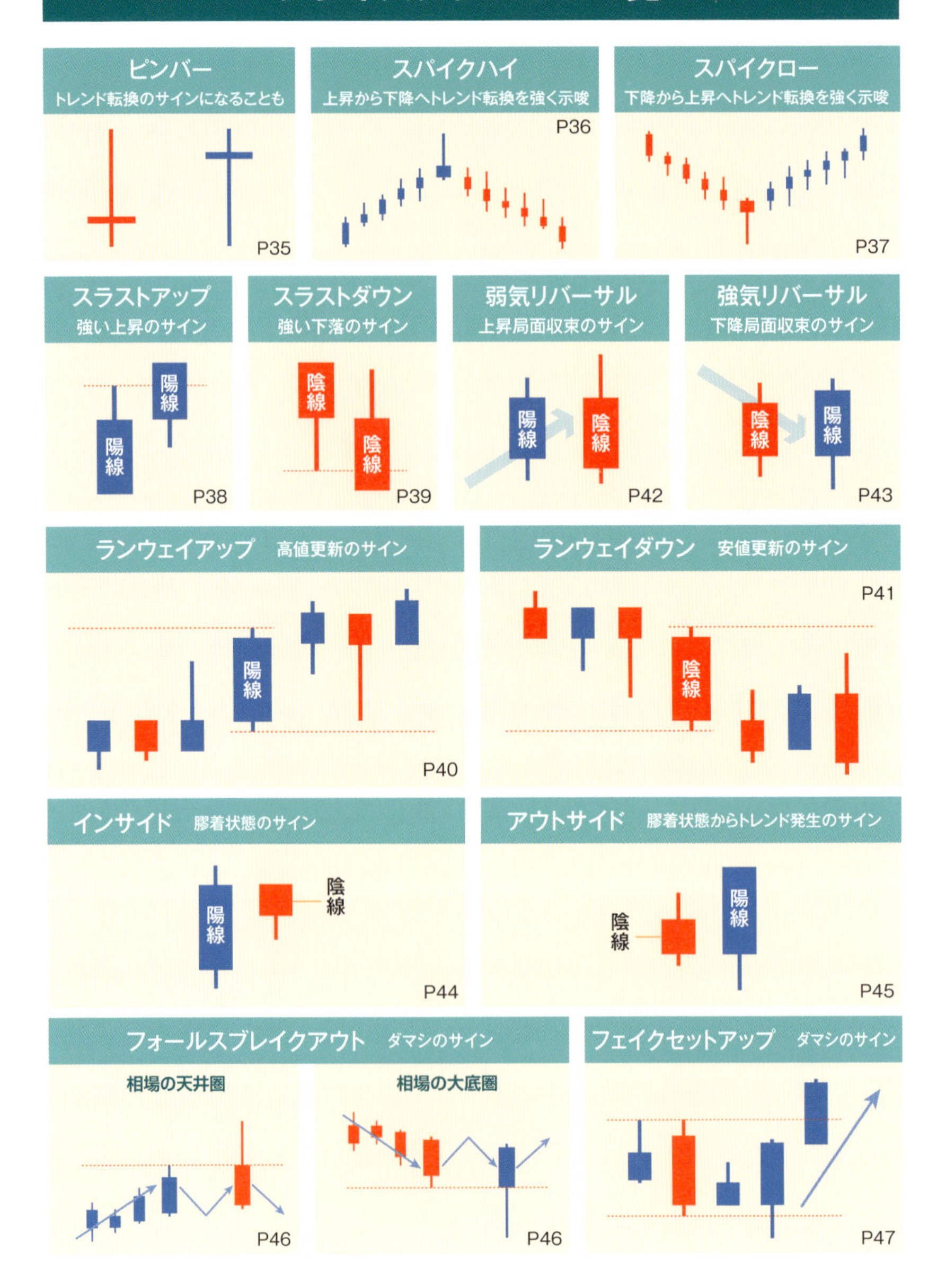

変化の前兆・ピンバー

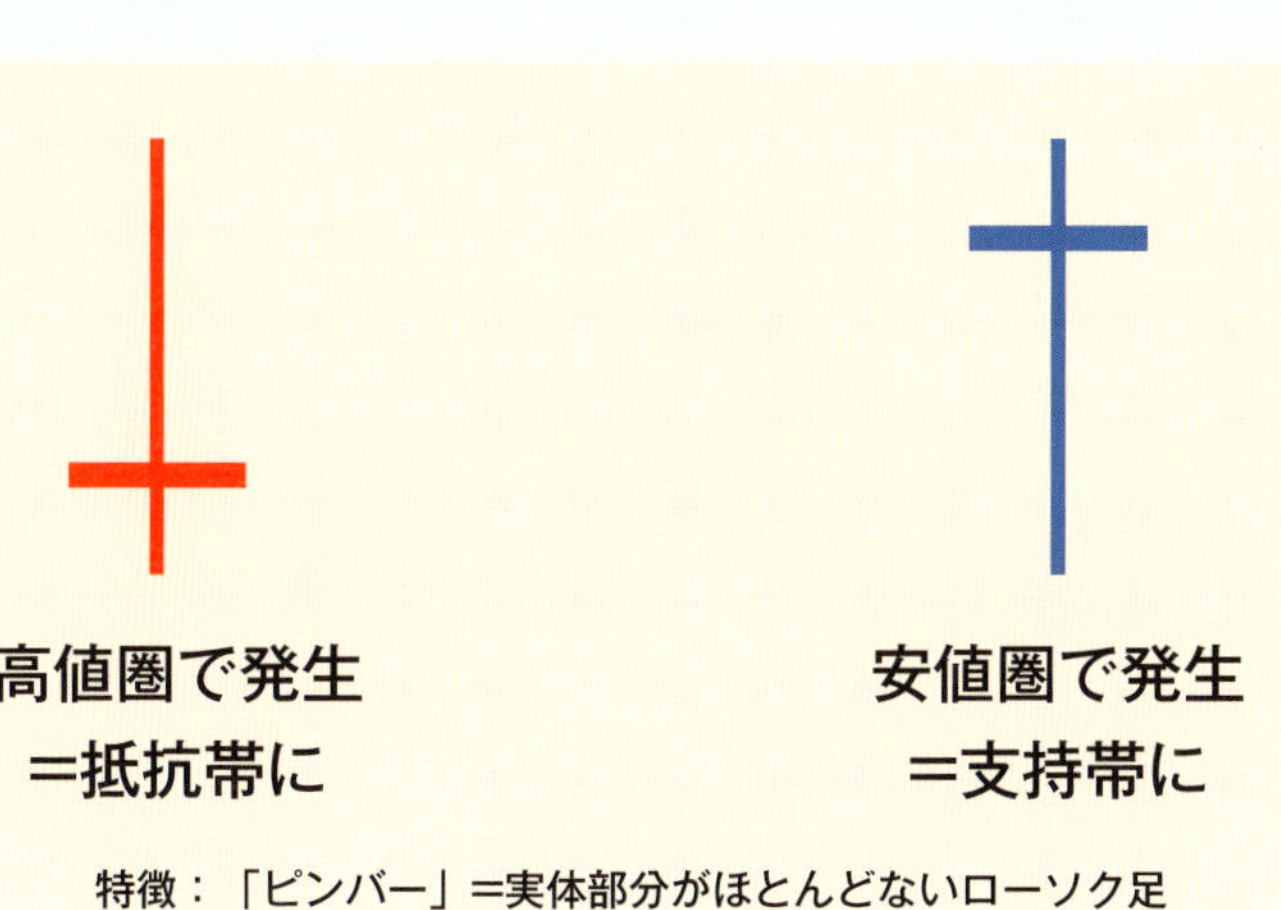

「ピンバー」は「針のような棒」という意味で、上ヒゲや下ヒゲがとても長く、実体部分が短いローソク足のことです。

上下に長々と突き出したヒゲは、ザラ場中にロングかショート、いずれかの勢力が圧勝したものの、結局は負けて押し戻されたことを示します。

逆に始値と終値はほぼ同じレートで実体部分がほとんどないことから、上下に激しく値動きしたものの、結局、ロングとショートの争いは引き分けに終わったことがわかります。

前後の状況でニュアンスは変わりますが、トレンド相場の天井圏や大底圏に出現すると、トレンドが転換するシグナルになるケースも多くなります。

ロング筋とショート筋の激しい攻防があったことから「変化の前兆」ととらえ、次に出る値動きに対する注意を喚起するサインになります。

勢いの果て・スパイクハイ

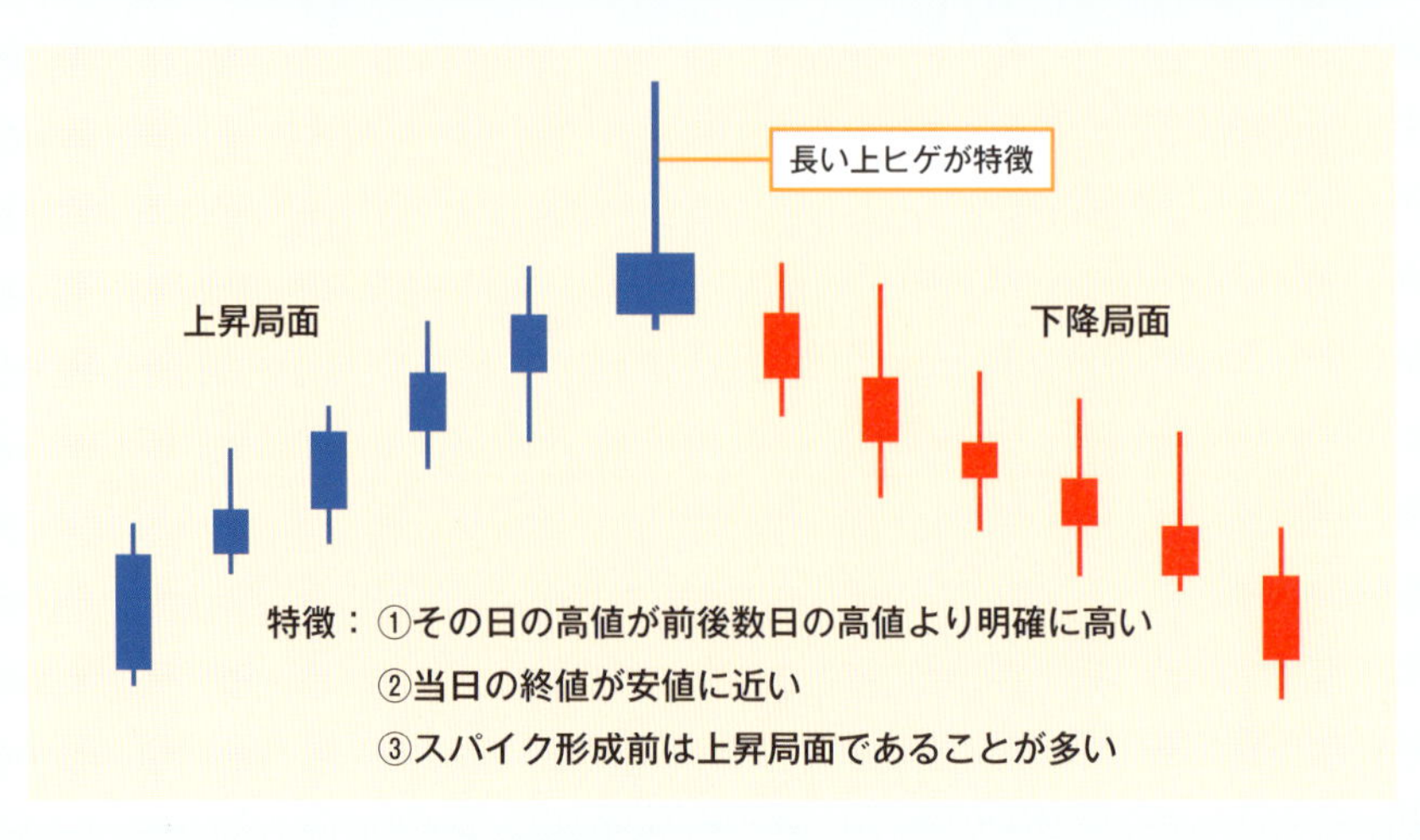

「スパイク」は「先がとがったもの」「釘を打つ」という意味で、実体部分に比べて、ヒゲが極端に長いローソク足のことです。

長いヒゲが突き出しているのは上か下か、どちらか一方向である形が多く、上ヒゲが極端に長いローソク足を「スパイクハイ」と呼びます。

その成立条件は、①当日の高値が前後数日間の高値よりも明らかに高いこと、②当日の安値近辺まで押し戻されて終値をつけていること、③スパイク形成前は上昇局面の場合が多いこと、です。

極端に長い上ヒゲは、ザラ場中にロング筋の買いで急上昇したものの、ショート筋の反撃でロング筋が一網打尽にされたことを示しています。

上昇トレンドの最終局面に登場した場合、トレンド転換を強く示唆するシグナルになります。

トレンドの途中に出現した場合も、上ヒゲ先端の高値はその後、抵抗帯として機能します。

勢いの果て・スパイクロー

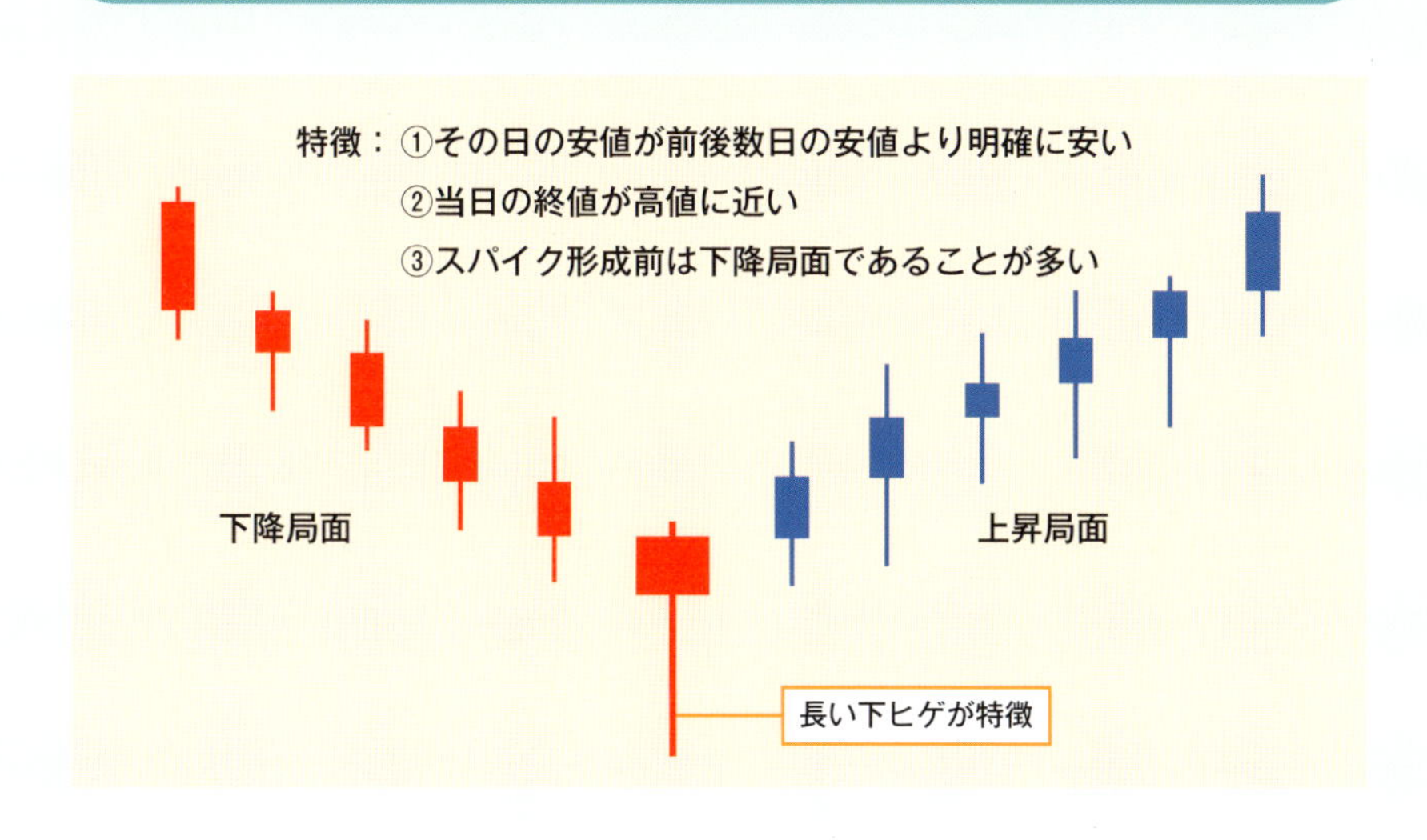

「スパイクロー」は、「下値を釘で打つ」といった意味で、極端に下ヒゲの長いローソク足です。その成立条件は、①当日の安値が前後数日間の安値に比べて明確に低いこと、②当日の終値が高値に近い位置にあること、③スパイク形成前は下降局面の場合が多いこと、です。

下降トレンドが加速して、ショート筋の追撃売りでいったんは下ヒゲ先端の安値まで急落。そこからショート筋の利益確定や「割安」と見たロング筋の新規参入で、急激に反転上昇。ショート筋が撤退、敗走した状況と推理できます。

極端に長い下ヒゲは下降トレンドのピーク、すなわち大底となることが多く、トレンド転換の前兆シグナルです。トレンド転換が起こらない場合でも、ザラ場中につけた下ヒゲ先端の安値は、その後の下落を阻む支持帯として機能することが多くなります。

勢いの証明・スラストアップ

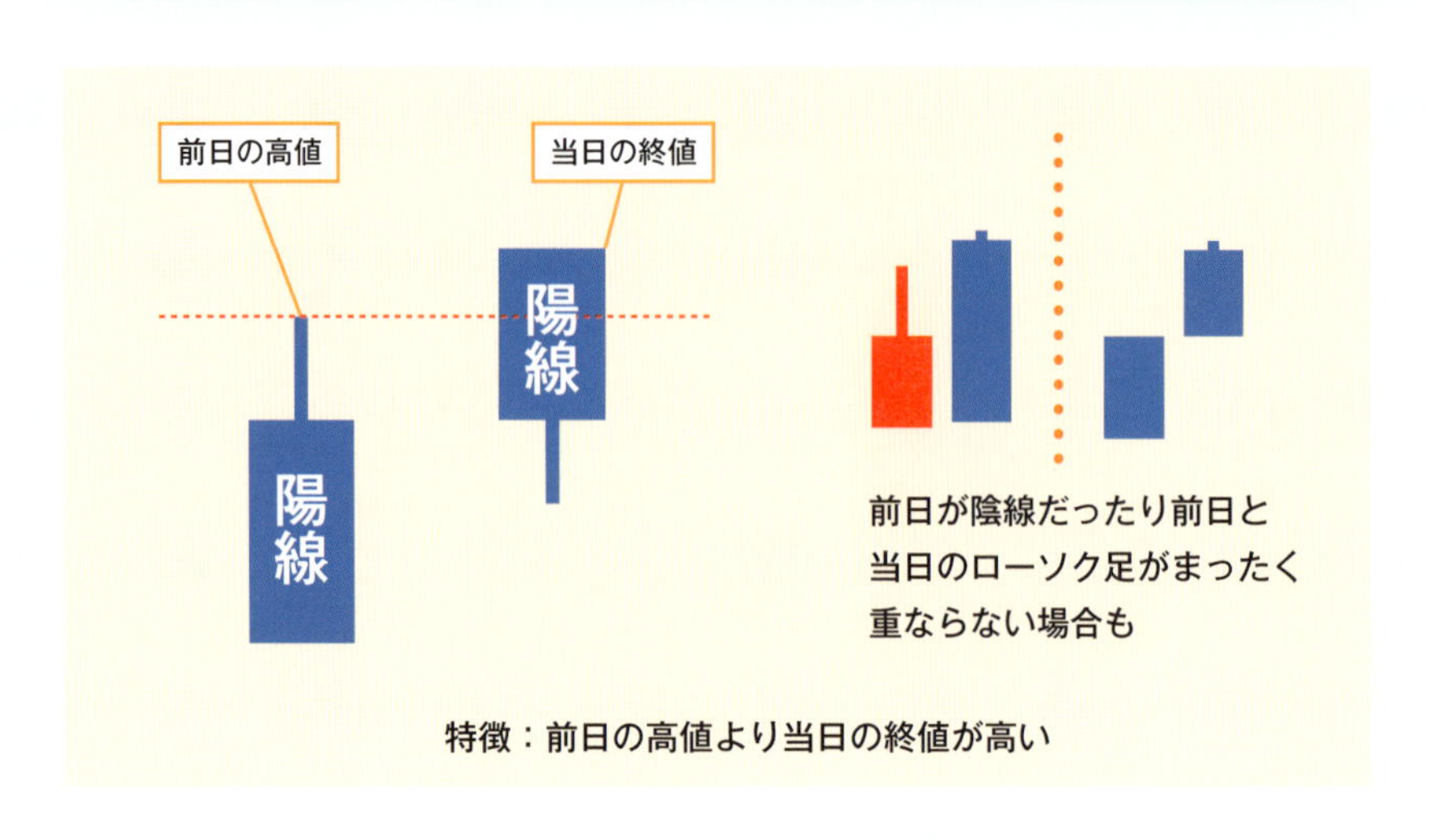

「スラスト」は「推進力」や「ぐいぐい押す」「押し分けて進む」といった意味で、値動きの強さを示します。

「スラストアップ」は上昇力の強さが表れたローソク足で、成立条件は前日のローソク足の高値を当日のローソク足の終値が上回っていること。

前日につけた高値をさらに上回る上昇が続き、そこから下げることなく、前日高値を越えた状態で終値をつけたことから、ロング筋の勢いが一貫して強かったことがわかります。

通常、前日高値は目先の抵抗帯になるものですが、その高値を越えても買いが続々と沸いてくるのは「高くても買いたい」という投資家が多い証拠。上昇トレンドに必要不可欠な高値更新の原動力になるのがスラストアップです。上昇トレンドが続いている局面では連日のように登場して、高値を切り上げていく形になります。

勢いの証明・スラストダウン

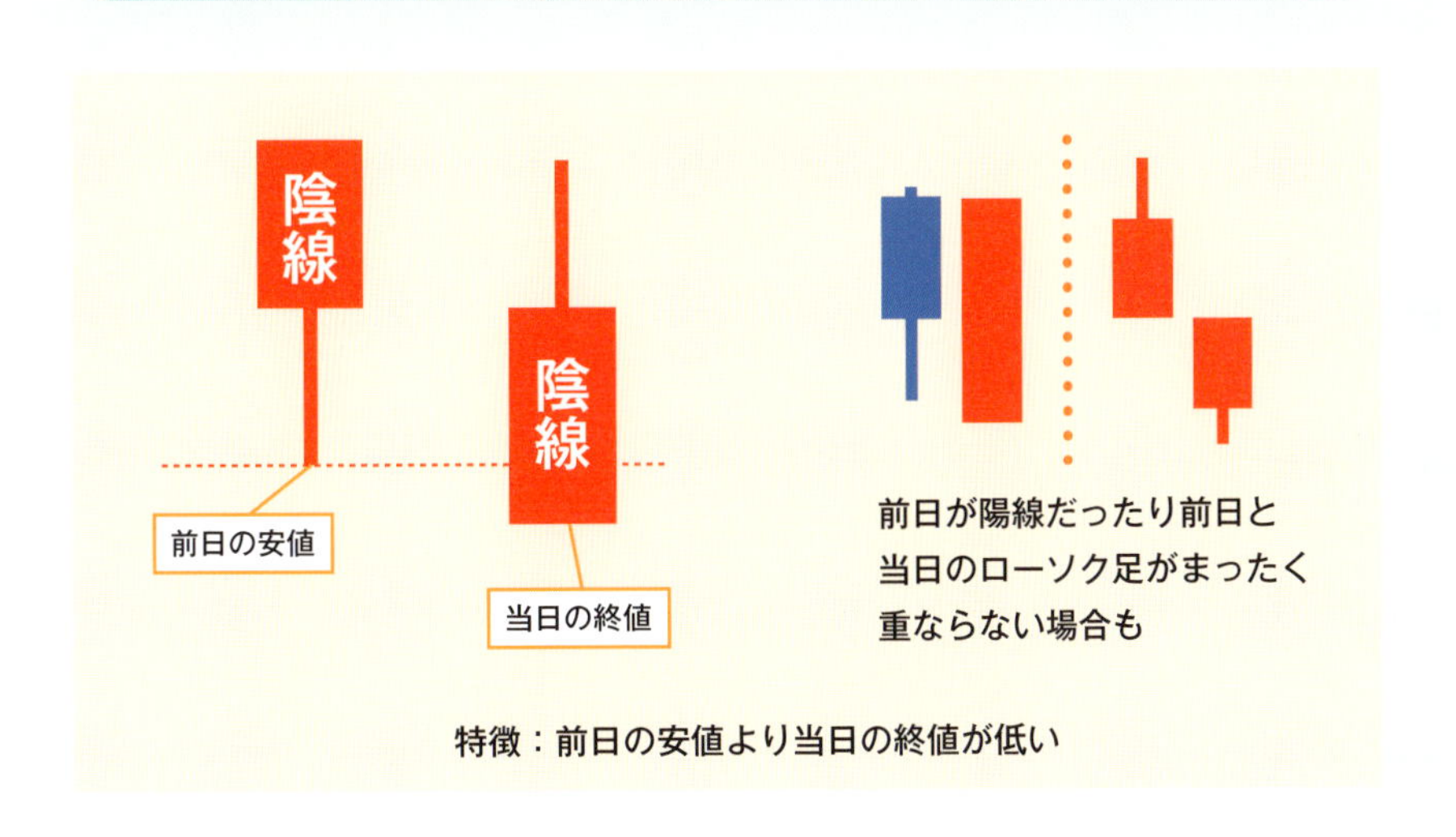

「スラストダウン」はスラストアップとは反対に、前日の安値を当日の終値が下回った形のローソク足です。

目先の支持帯になりやすい前日の安値を割り込んだ下落が続き、そのまま前日安値を下回った価格で終値をつけた形です。当日はショート筋の勢いが一貫して強い売り一色の展開で、ロング筋の反撃余地がなかったことがわかります。

また、前日につけた安値に比べて、当日の終値の位置が低ければ低いほど、下落の勢いが強いと判断できます。

下降トレンドが継続するための条件は、安値がどんどん切り下がっていくこと。そのために必要なのが、スラストダウンの連続です。「安くても売りたい」と考えるショート筋が多いことや「いくら安くても損切りしたい」というロング筋の投げ売りが、その値動きの背景にあります。

勢いの証明・ランウェイアップ

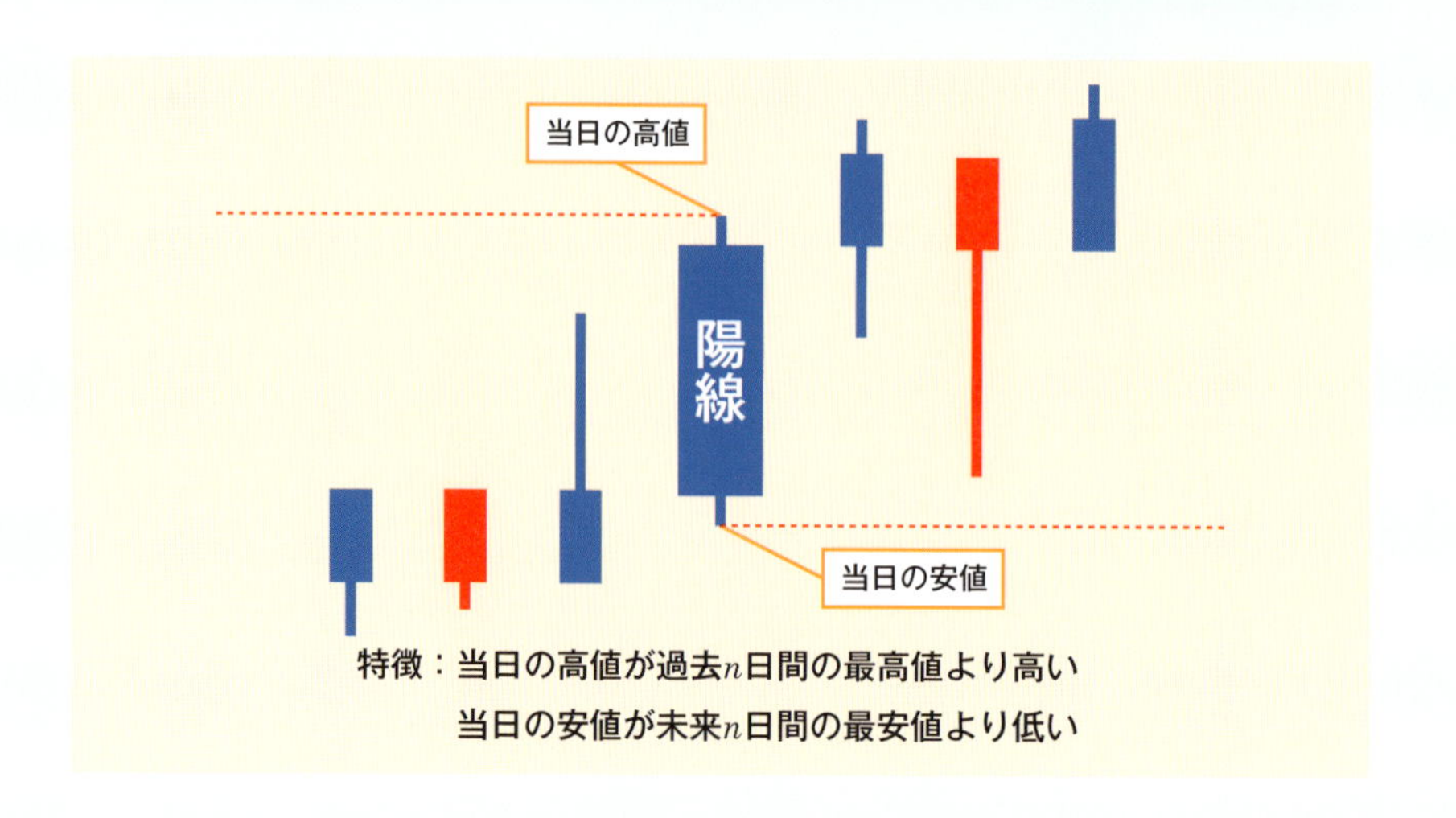

「ランウェイ」は、これまでの価格水準を脱して、新たな水準に移行する値動きです。

「ランウェイアップ」は陽線であることが大前提で、①当日の高値が過去n日間の最高値より高い位置にあること、②当日の安値がその後、n日間の最安値より低い位置にあること。基準日数としては5日（1週間）を採用するのが一般的です。

当日のローソク足がこれまで数日間の最高値を越えて上昇したあと、その後の数日間は、その日の安値を下回らないで高止まりする値動きを示します。

つまり、ランウェイアップとなるローソク足を挟んで値動きの水準が切り上がった形です。上昇トレンドでは、上昇→もみ合い→再上昇と、踊り場を作りながら上昇を繰り返すことが多く、その上昇局面に出現しやすいのがランウェイアップです。

勢いの証明・ランウェイダウン

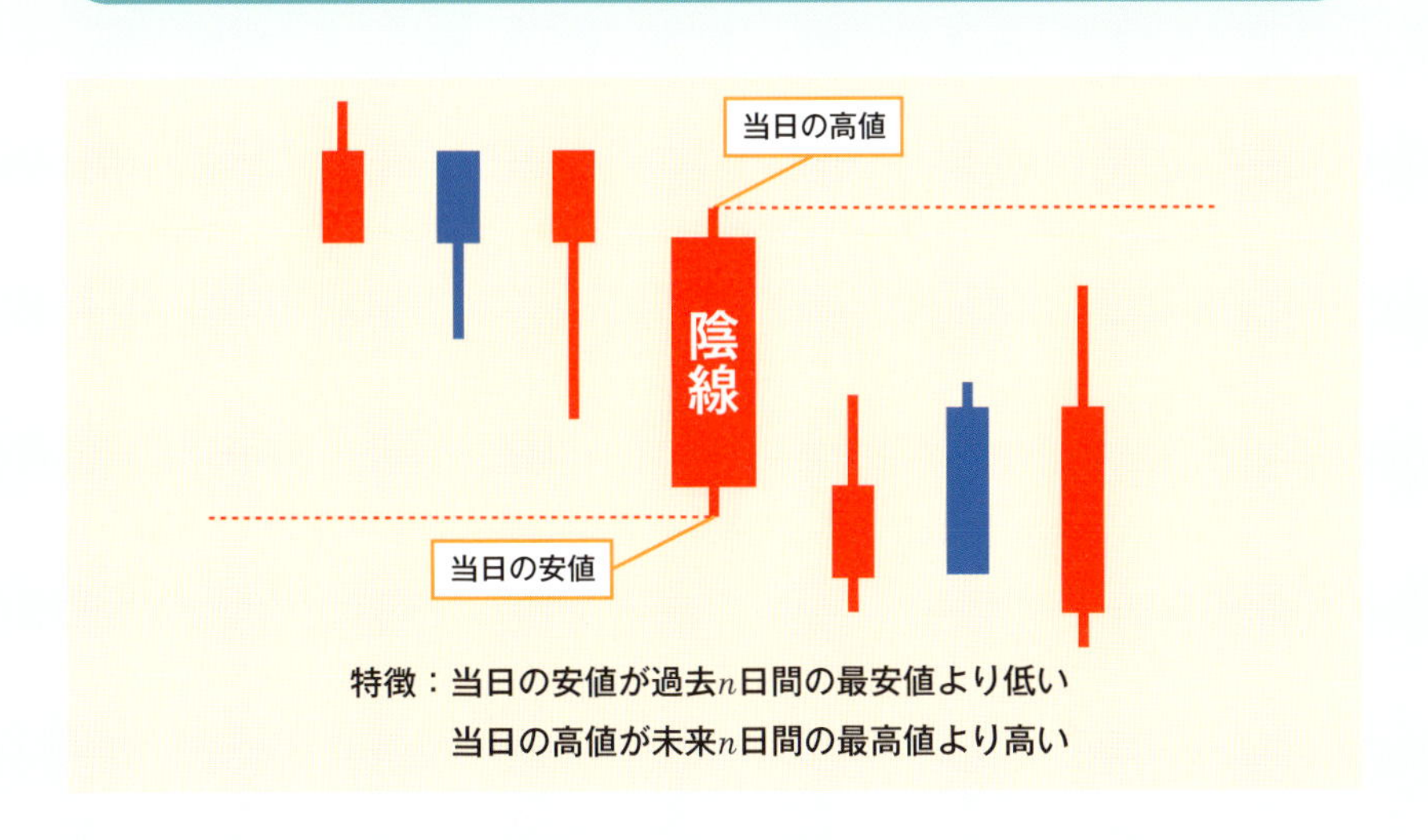

「ランウェイダウン」は値動きの水準がガクンと一段階、切り下がるときに出るローソク足です。その成立条件は陰線であることが大前提で、①過去、n日間の最安値を当日の安値が下回っていること、②その後、n日間の最高値が当日の高値より下にあること、です。

これまでの値動きとその後の値動きの価格水準が、ランウェイダウンとなるローソク足を挟んで切り下がっている形です。

下降トレンドでは、下降→もみ合い（レンジ相場）→再下降と、踊り場を作りながら下落が続くことが多く、その際、よく登場します。

ランウェイは、ローソク足が出現してから数日間が経過しないと、完成したかどうか、判断できません。しかし、過去n日間の最安値を下回るような安値をつけたローソク足が出現したら、その段階でランウェイダウンの発生を疑いましょう。

反落の兆し・弱気リバーサル

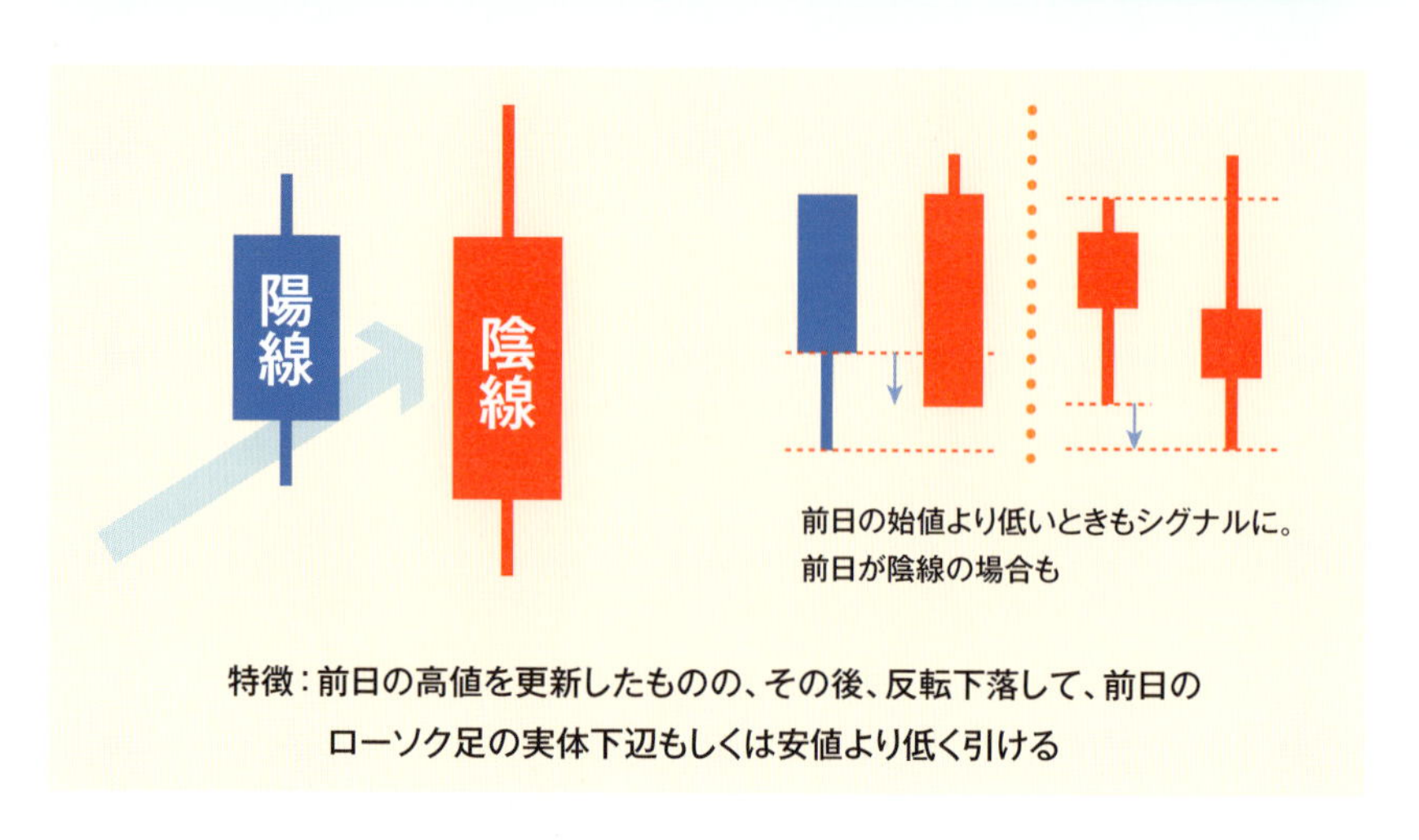

「リバーサル」は「反転」「逆戻り」の意味で、一方に振れた値動きが反転して、もう一方の方向に切り返すことを意味します。

「弱気リバーサル」は「高値からの逆戻り」といった意味で、①最初は上昇して前日の高値を上回る高値をつける、②しかし、その後、反転下落に転じて、前日のローソク足の実体下辺よりも安く終わると成立します。いったん勝利したロング筋がその後、手ひどい返り討ちにあった形で、前日のローソク足の実体下辺を下回り、安値以下まで下落したほうが当然、強い下落サインになります。

上昇トレンドのピークで弱気リバーサルが出るとトレンド転換につながるケースもあります。上昇パワー失速で反転下落の兆しを暗示する値動きといえるでしょう。ただし、弱気リバーサルの高値を再び越えて上昇した場合はダマシとなり、上昇パワー復活と判断します。

反転の兆し・強気リバーサル

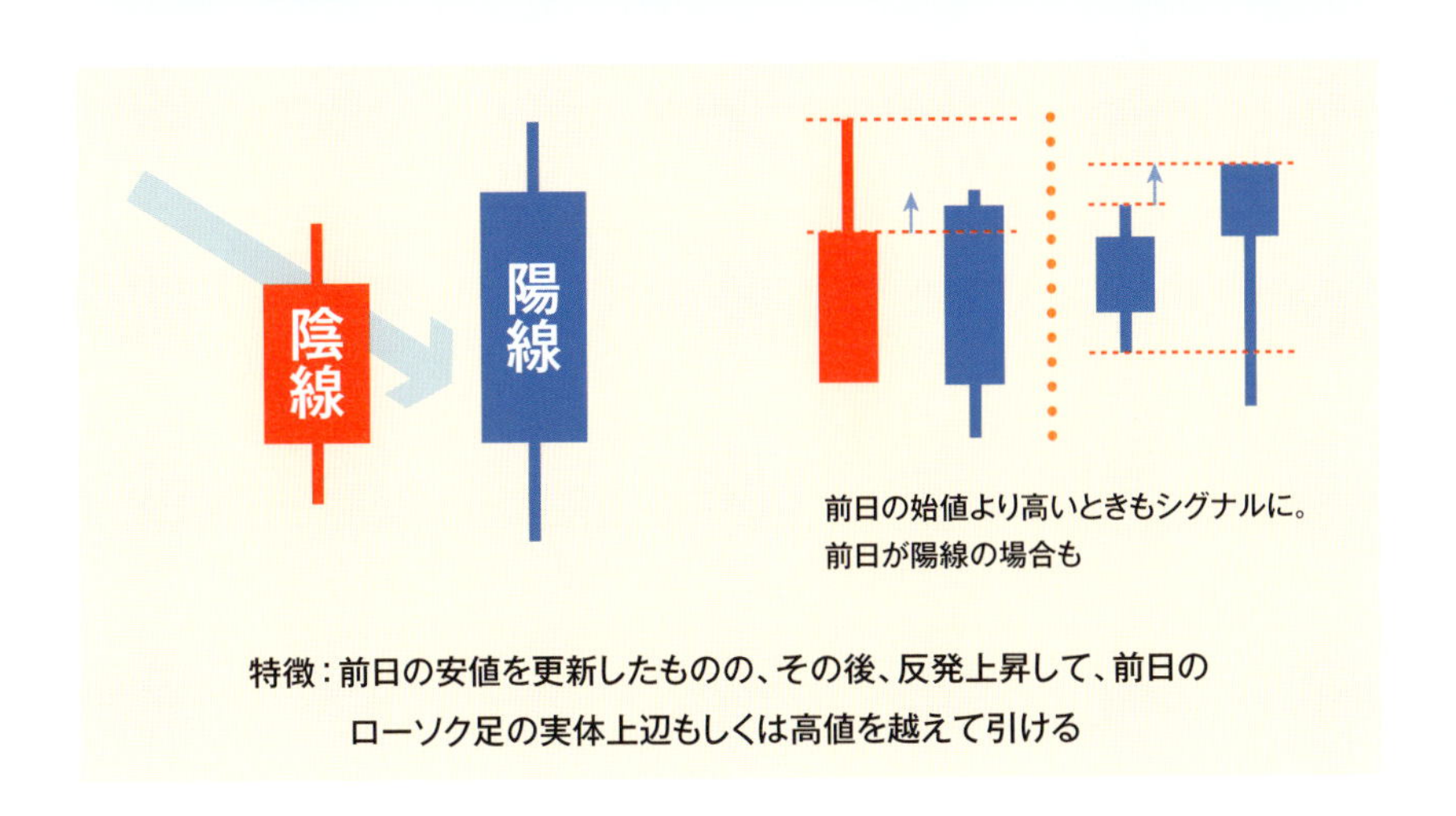

「強気リバーサル」は反転上昇のシグナルで、成立条件は、①前日の安値を下回る安値をつける、②その後、反転上昇に転じ前日のローソク足の実体上辺を上回って終わること。前日高値越えを果たしたほうが、より強いシグナルです。

安値圏で下落の勢いが失速し、それを上回る上昇の勢いが生まれた証拠となり、その後の反転上昇の前兆になります。ダマシも多いですが、下降トレンドのピークで出現した場合は、トレンド転換につながることもあります。

ショート筋の利益確定やロング筋の新規参入があると出現しやすいローソク足です。

トレンド転換シグナルのスパイクローとの違いは、前日安値以下で始まり前日のローソク足の実体上辺もしくは高値を越えて終わることから、当日のローソク足が前日のローソク足を抱き込む形になり、実体部分が長くなりやすいことです。

攻防の形・インサイド

母線とは?
インサイドは前日のローソク足の中に包み込まれた形なので、前日のローソク足のことをインサイドに対する「母線」と表現する。逆に次ページのアウトサイドの場合、前日のローソク足を包み込む当日のアウトサイド自体が母線となる。

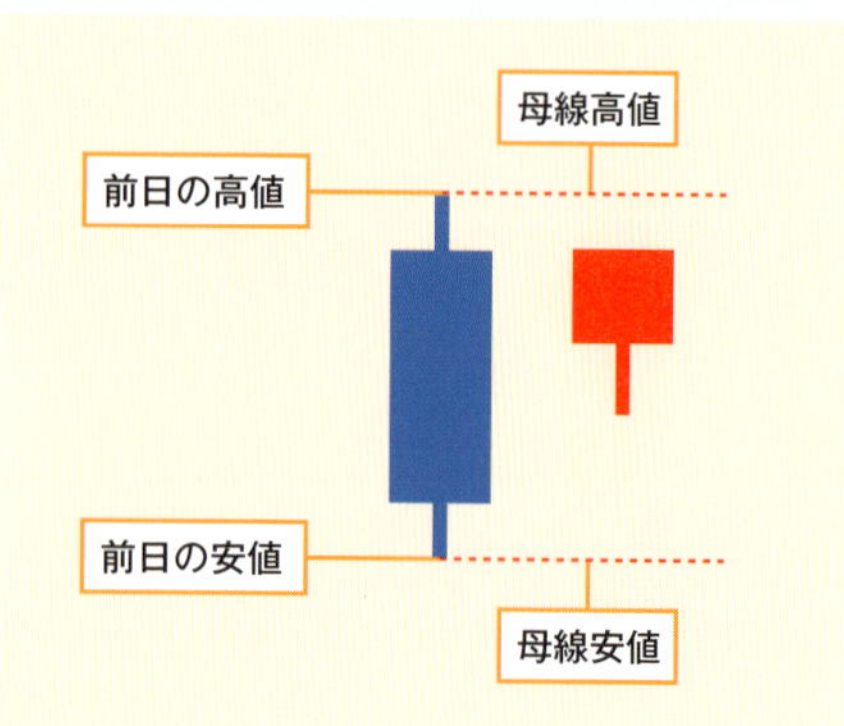

特徴:当日のローソク足が前日のローソク足の中にすっぽり収まっている

「インサイド」は「内側」の意味で、母線となるローソク足の上ヒゲから下ヒゲまでの値幅の内側に翌日以降のローソク足が飲み込まれた形になると成立します。

よくあるのは、前日の大陽線のあとに小陰線が出現する形ですが、これは前日、ロング筋が圧勝して上昇したものの、当日、ロング筋の買いの勢いが鈍り、ショート筋の盛り返しで相場が小反落した状況。逆に大陰線のあとに小陽線が出現するパターンは、ショート優勢なものの、ロング筋の盛り返しで両者の攻防が続いている状況です。

インサイド自体は膠着状態を示し、その後、母線となるローソク足の高値をブレイクして上昇すれば買い、安値ブレイクなら売りシグナルになります。ちなみに「母線」とは、インサイドを包み込む形となるローソク足で、その高値は「母線高値」、安値は「母線安値」と呼びます。

攻防の形・アウトサイド

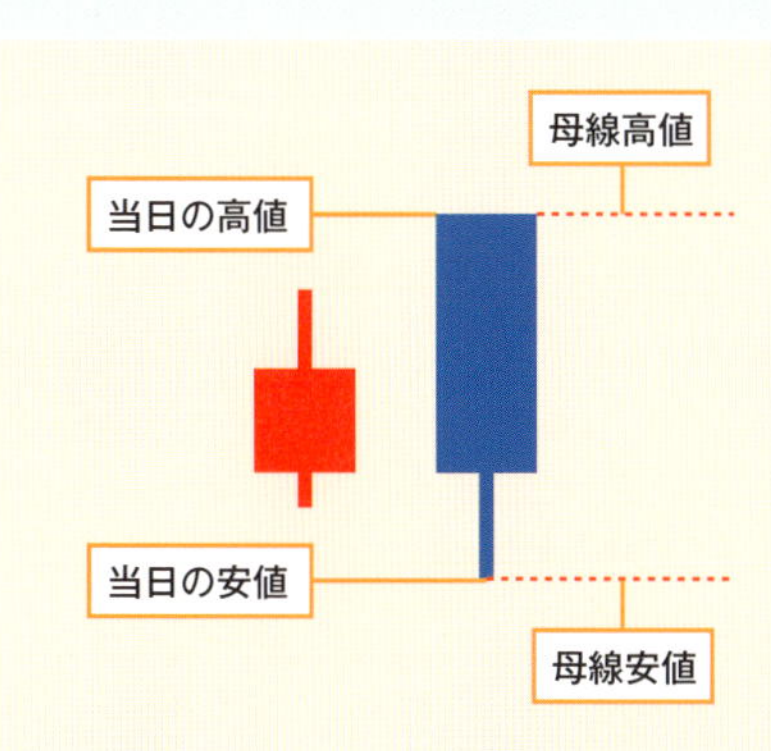

特徴：前日のローソク足が当日のローソク足の中にすっぽり収まっている

「アウトサイド」は「外側」の意味で、当日のローソク足が前日のローソク足すべてを包み込む形になると成立します。

前日の値動きと正反対の方向に、大きな値動きが生まれたことを示し、インサイド以上に当日の値動きの方向性に、その後の相場が傾く傾向が強くなります。小陰線のあとに大陽線が出現したアウトサイドなら上昇の勢いが強く、小陽線のあとに大陰線が出現したら下降の勢いが強いと判断。

アウトサイドとインサイドは交互に出現することもあり、ある意味、保ち合い相場を示していますす。ロングとショートの勢力の均衡から生まれる形なので、大切なのはその次にどちらの方向に大きな値動きが出るか。アウトサイドにとっての「母線」はアウトサイドそのもの。翌日、アウトサイド＝母線高値を越えれば上昇の勢いが強い、母線安値割れなら下落の勢いが強いと判断します。

ダマシの理・フォールスブレイクアウト

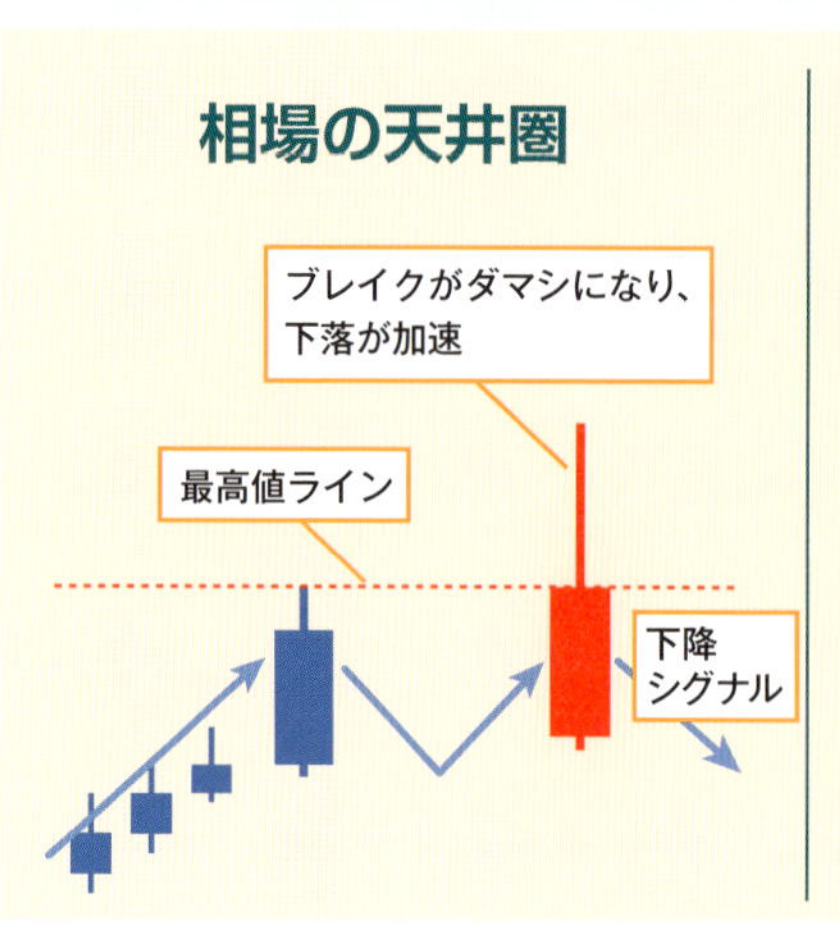

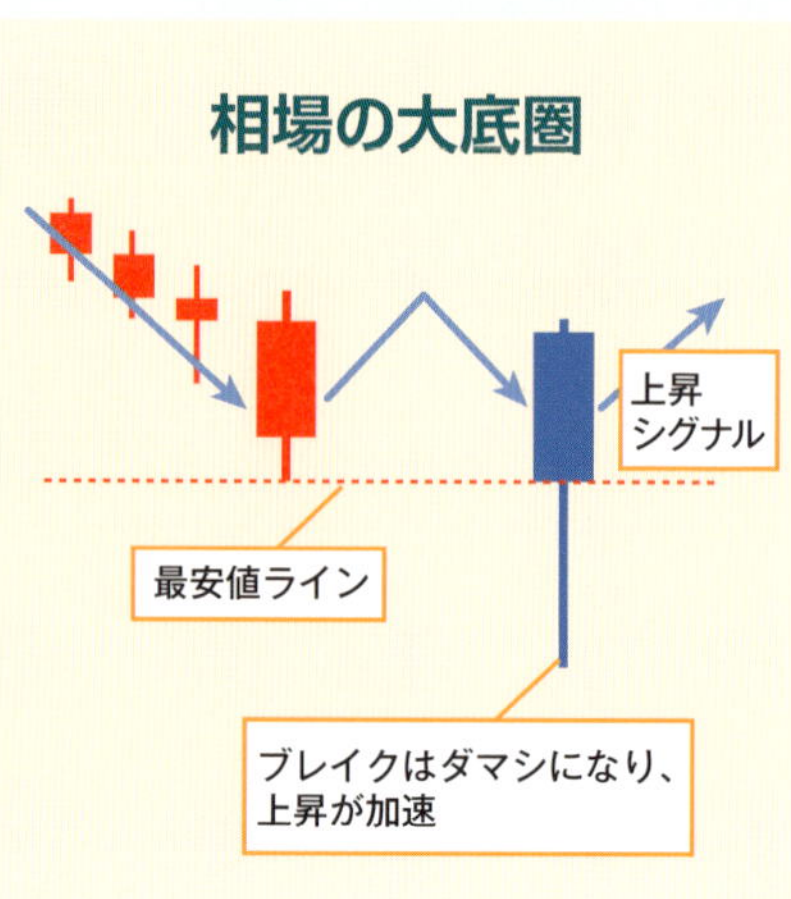

「フォールスブレイクアウト」は「失敗したブレイクアウト」「間違った突破」の意味で、これまで抵抗帯だった高値や支持帯だった安値のブレイクに失敗した値動きです。

直近の高値をいったんは抜けて上昇したものの、結局、反転下落して上ヒゲの長い陰線で終わった形や、直近安値の更新に失敗して下ヒゲの長い陽線で終わった形になります。

プライスアクションの特徴は「ダマシほど正確なサインはない」というもので、ダマシの動きが出たときはその正反対の動きが強化されると考えます。値動きの背後にはロング筋とショート筋のダマし合いがあり、ダマシはその攻防の貴重な逆転シグナルと考えられるのです。

フォールスブレイクアウトがトレンド相場の天井圏や大底圏で出ると、その後の反転シグナルやトレンド転換シグナルになります。

ダマシの理・フェイクセットアップ

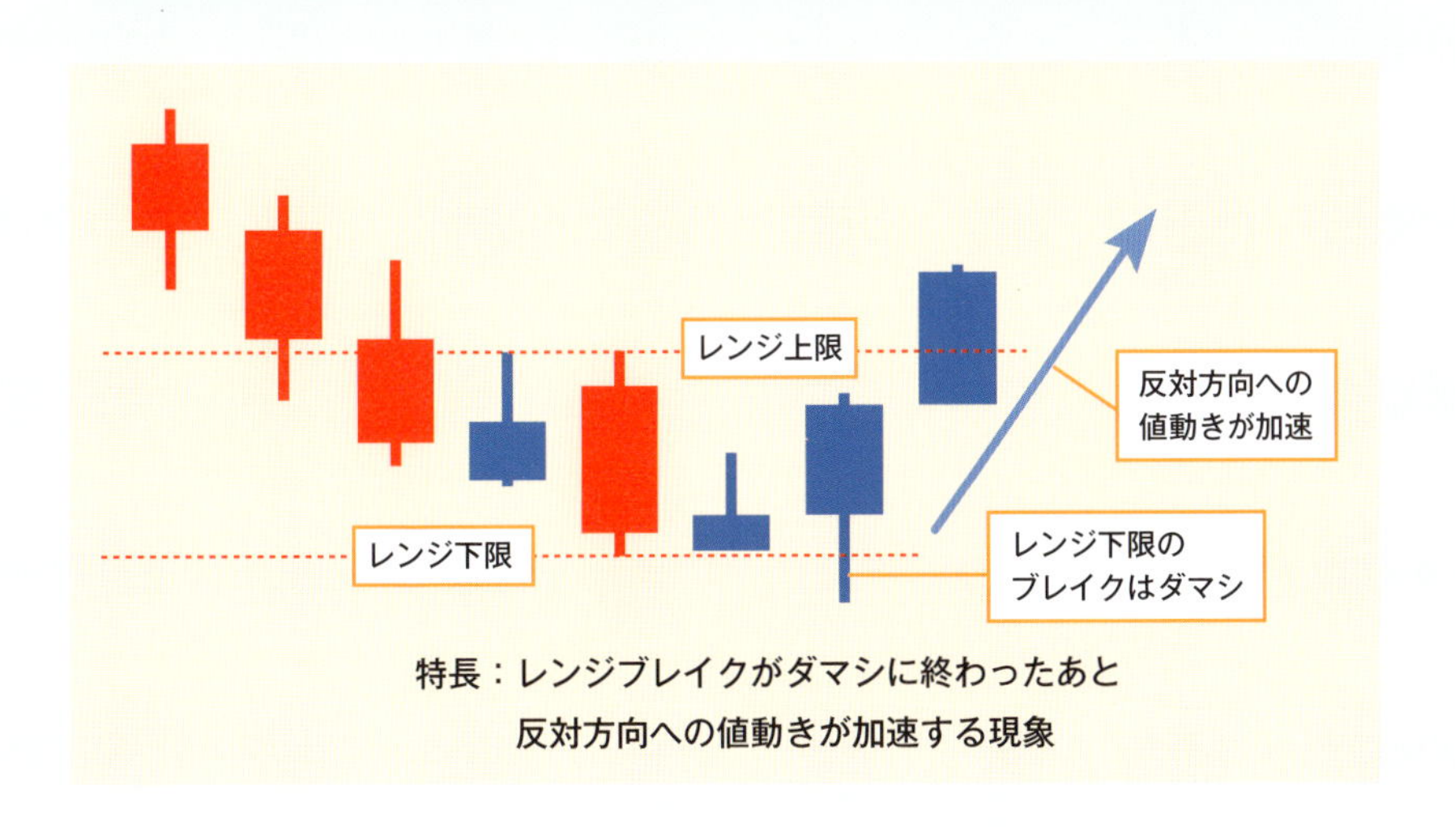

「フェイクセットアップ」は「偽りの身のこなし」といった意味で、レンジブレイクが失敗に終わったあと、反対方向の値動きが加速する現象。ローソク足1本の場合もあれば、数本のローソク足を組み合わせて完成というケースもあります。

レンジ相場とは為替レートがレンジの上限となる高値圏と下限となる安値圏の間を行ったり来たりする値動きです。そのレンジの一方、上限か下限を突き破ったかに見えて、結局、その値動きがダマシに終わったあとは逆方向の値動きが加速しやすくなります。ダマシのあとの値動き反転の動きがフェイクセットアップになります。

レンジ相場だけでなく、下降トレンドの大底圏や上昇トレンドの天井圏で出現して、トレンド転換シグナルになることもあります。シグナルのダマシ自体が逆方向に向かう強いシグナルになっているのが特徴です。

必勝の売買ポイント「秘伝の 18 シグナル」

プライスアクションには条件が同じなら、7 割方、その通りに動く売買シグナルがあります。ここでは私が実戦で愛用している秘伝のシグナルを買い･売り9つずつ、合計18パターン紹介します。サインが出れば誰でも真似できる「必勝」といっていい売買ポイントなのでぜひ実戦で使いこなしてください。

買い 1　強気リバーサル・フォールスブレイクアウト

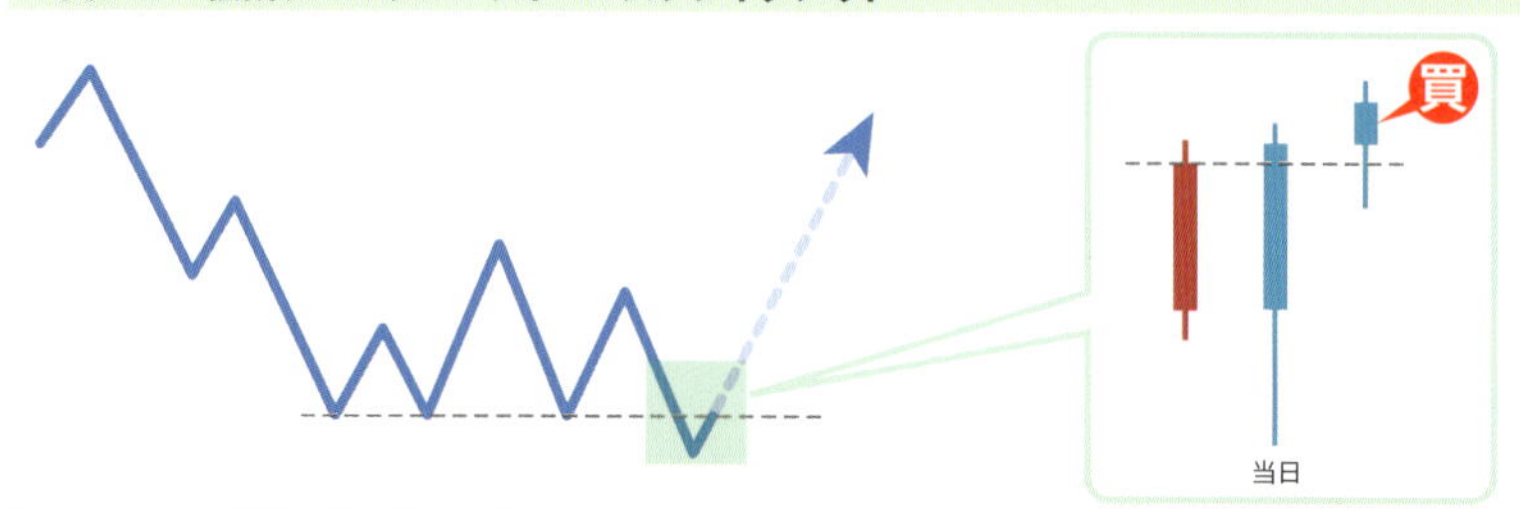

条件 1：下落トレンドの継続が確認され、いったん、前の安値を割り込む
条件 2：重要安値を割り込んだものの、急落せず、当日または翌日、反騰
●サイン：強気リバーサル、終値で前の重要な安値を回復
●エントリー：当日終値を翌日越えたあたりで買い
●ストップ：当日安値の下

買い 2　強気リバーサル・フォーメーション下限確認

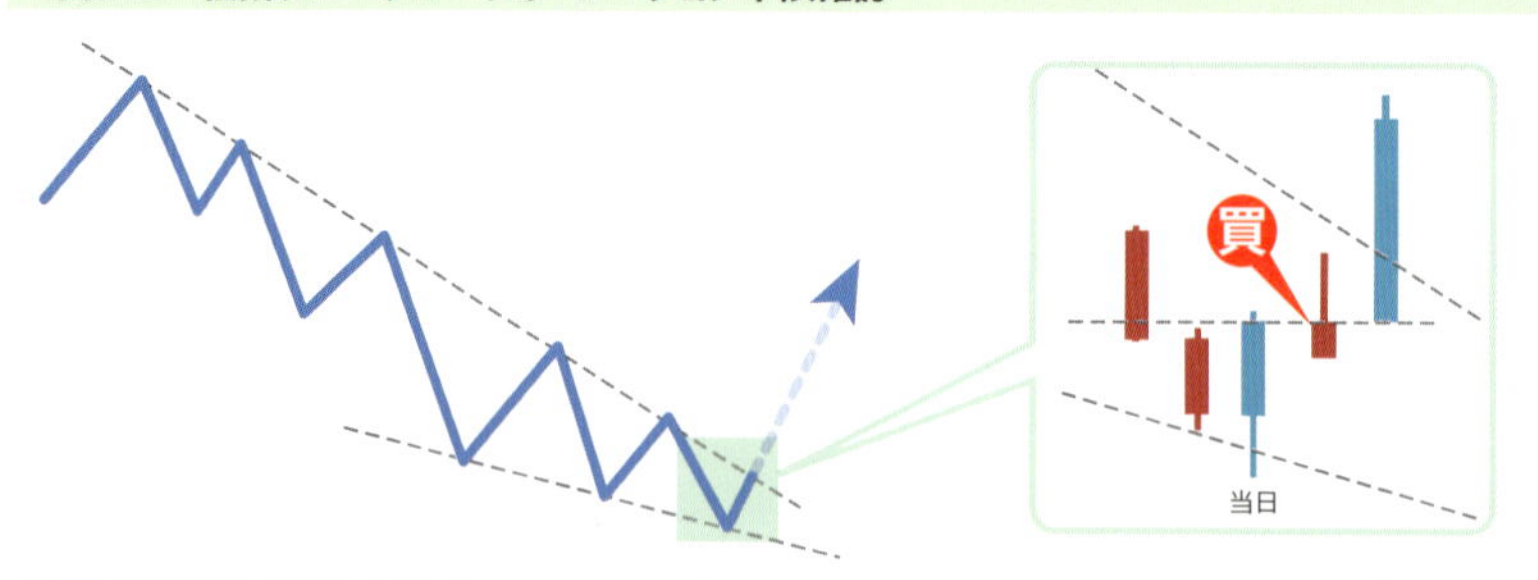

条件 1：下落トレンドの継続が確認され、かつ、フォーメーションを形成中
条件 2：フォーメーションのサポートゾーン（トライの回数が多ければ多いほど有効）にぶつかったあと反転上昇
●サイン：強気リバーサル
●エントリー：当日終値を翌日以降越えたら買い
●ストップ：当日安値の下

売り１　弱気リバーサル・フォールスブレイクアウト

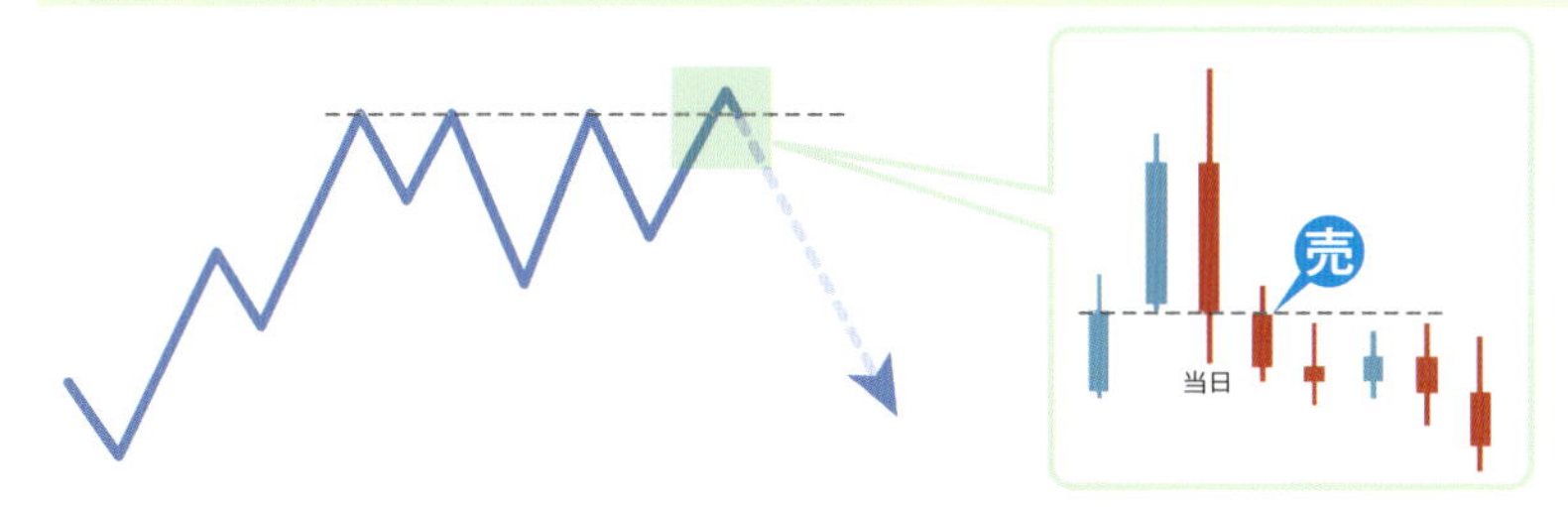

条件１：上昇トレンドの継続が確認され、いったん、前の高値を更新
条件２：重要高値を越えたものの、急伸せず、当日また翌日に大きく反落
●サイン：終値をもって前の重要な高値を下回り、かつ弱気リバーサル
●エントリー：当日終値を翌日下回ったあたりで売り
●ストップ：当日高値の上

売り２　弱気リバーサル

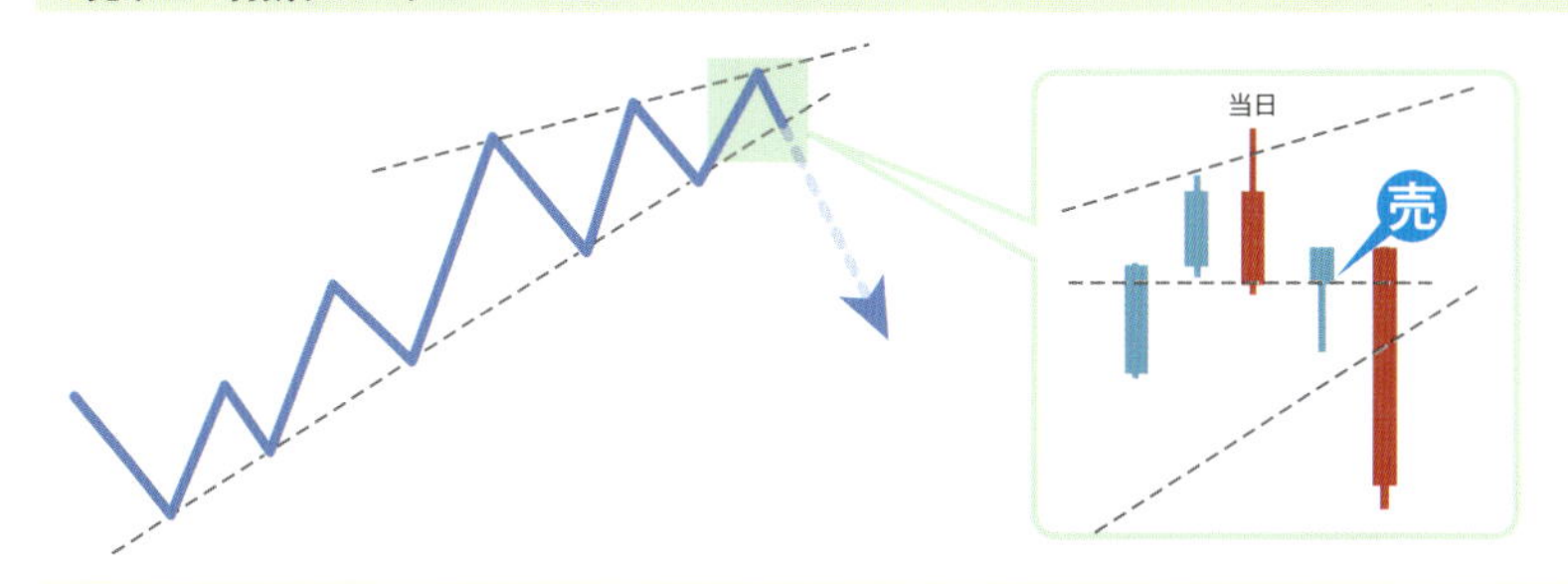

条件１：上昇トレンドの継続が確認され、高値圏にあること、かつ、フォーメーションを形成中。
条件２：フォーメーションのレジスタンスゾーン（トライの回数が多ければ多いほど有効）にぶつかって反転下落
●サイン：弱気リバーサル、
●エントリー：当日終値を翌日以降下回ったら売り
●ストップ：当日高値の上

買い3　フェイクセットアップ・底打ち

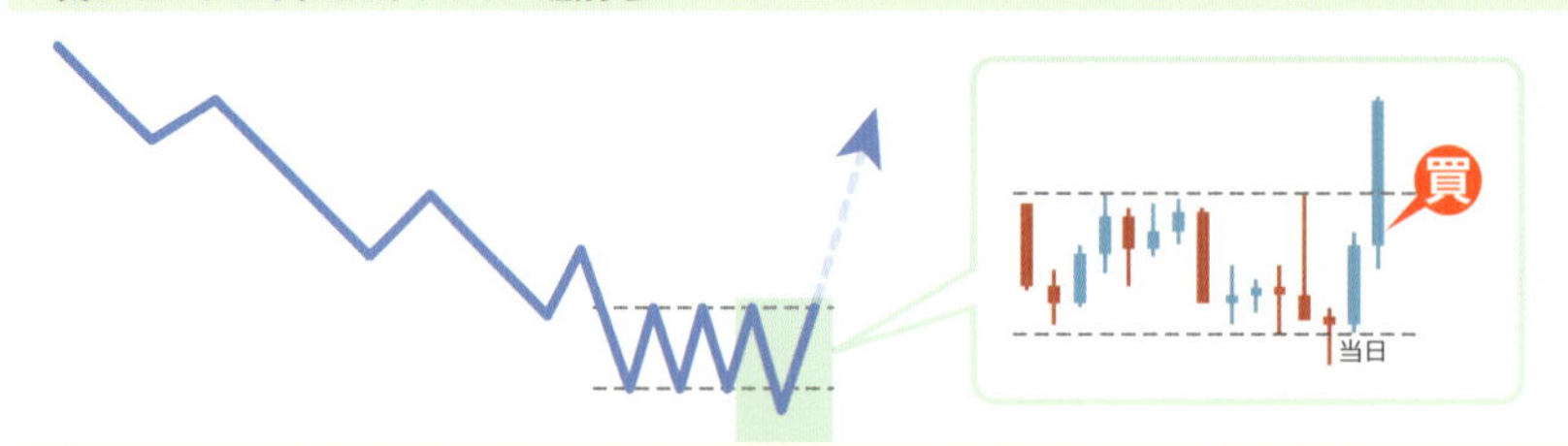

条件1：下落トレンドの継続が確認され、安値圏にてレンジ相場で推移
条件2：当日（翌日以降でも可）、いったんレンジの下限を更新したものの、その後、大きく反転してレンジ上限ゾーンを突破
過去の複数の高値（多ければ多いほどよい）を上回っていれば、なおよし。
●サイン：フェイクセットアップ　●エントリー：当日高値を再更新したら買い　●ストップ：当日安値の下

買い4　フォールスブレイクアウト・底打ち

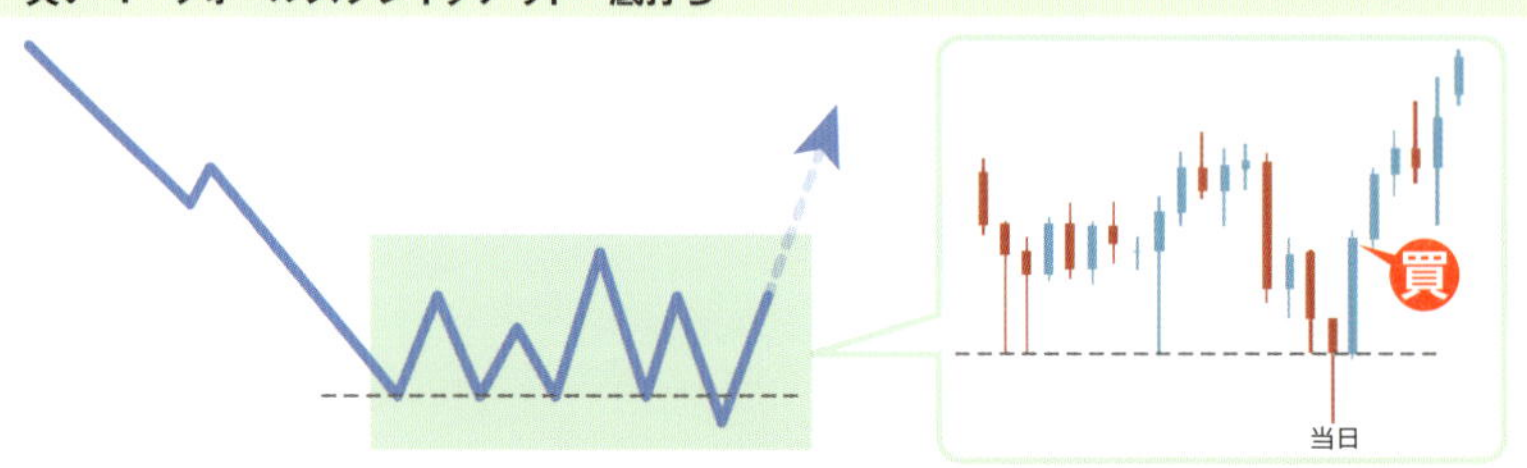

条件1：下落トレンドの後、レンジ変動が形成され、また重要な安値水準（スパイクローの下ヒゲの密集ラインなど）をいったん下回ってから反転上昇し、重要な安値水準を回復するか、それに近いところで大引け
条件2：翌日が陽線（大陽線のほうが望ましい）
●サイン：フォールスブレイクアウト　●エントリー：翌日の陽線の大引け前後で買い
●ストップ：翌日大陽線なら同大陽線の下、小動きなら当日安値の下

買い5　インサイド・底打ち

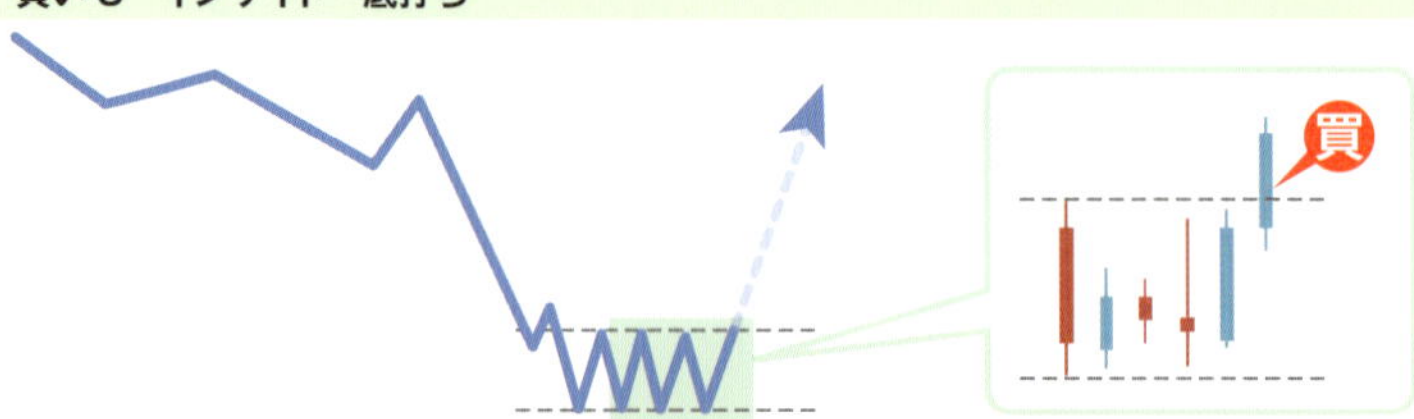

条件1：下落トレンドが継続。概ね急落後
条件2：インサイドのローソク足が複数出現（本数が多いほどよい、その中にアウトサイドが混じることも多い
●サイン：インサイド　●エントリー：インサイド出現後の母線高値上放れで買い
●ストップ：インサイドの母線安値の下

売り３　フェイクセットアップ・天井打ち

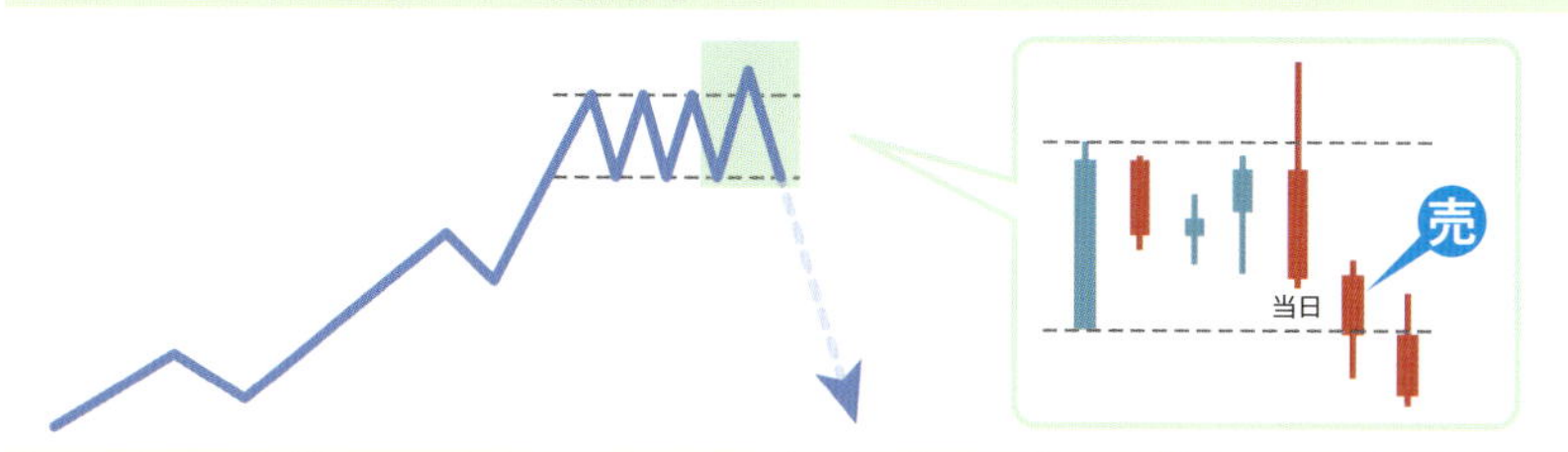

条件１：上昇トレンドの継続が確認され、高値圏にてレンジ相場で推移
条件２：当日、いったんレンジの高値を更新したものの、その後、大きく反落して、レンジ下限ゾーンを下抜け過去の複数の安値（多ければ多いほどよい）を下回っていれば、なおよし
●サイン：フェイクセットアップ　●エントリー：当日安値を再更新したら売り　●ストップ：当日高値の上

売り４　フォールスブレイクアウト・天井打ち

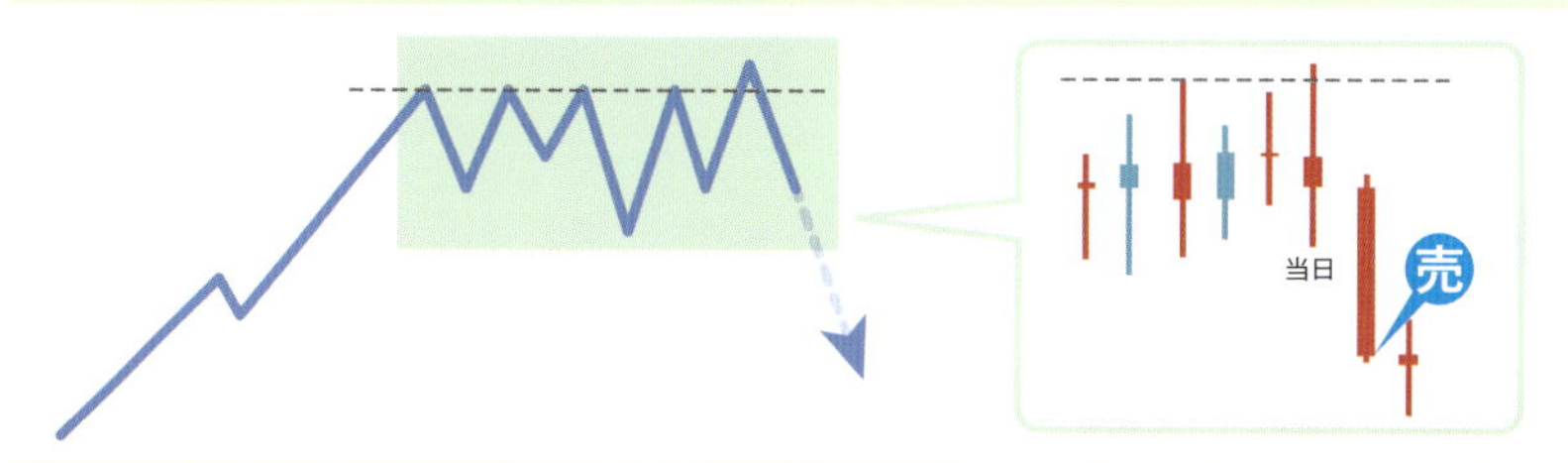

条件１：上昇トレンドの後、レンジ変動が形成され、また重要な高値水準（スパイクハイの上ヒゲの密集区域）をいったん上回ってから反転下落し、重要な高値水準下回るか、それに近いところで大引け
条件２：翌日が陰線（大陰線のほうが望ましい）
●サイン：フォールスブレイクアウト　●エントリー：翌日の陰線の大引け前後で売り
●ストップ：翌日大陰線なら同大陰線の上、小動きなら当日高値の上

売り５　インサイド・天井打ち

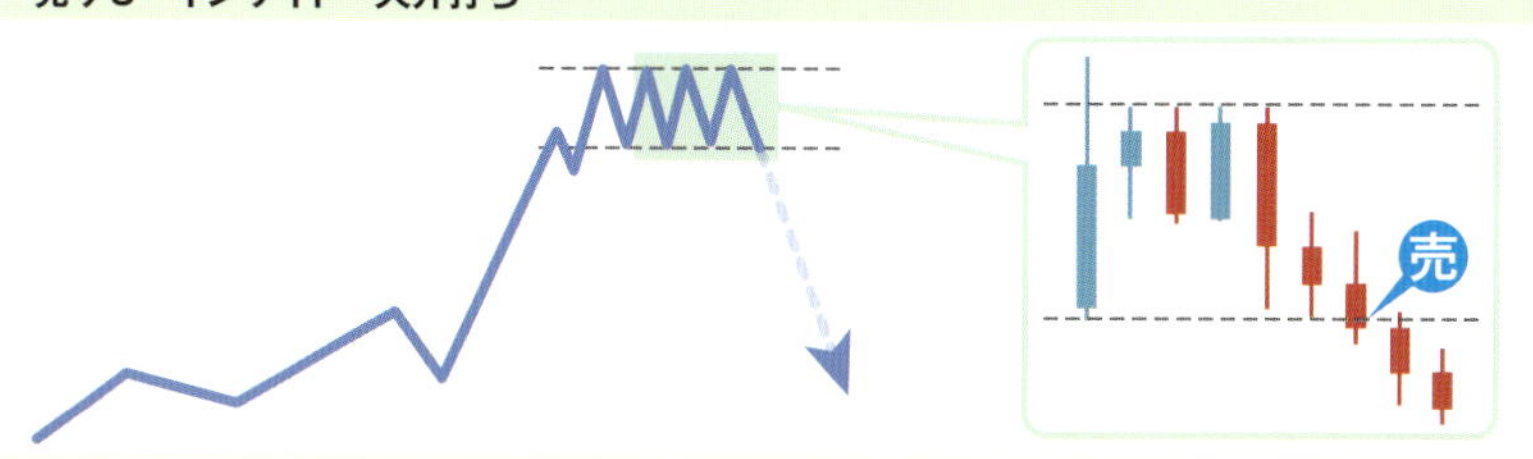

条件１：上昇トレンドが継続、概ね急伸後、もしくは高値保ち合い形成中
条件２：インサイドやアウトサイドのローソク足が複数出現（本数が多いほどよい）
●サイン：インサイド、アウトサイド　●エントリー：インサイド、アウトサイドの母線安値下放れで売り
●ストップ：母線高値の上

買い6　アウトサイド・トレンドの加速

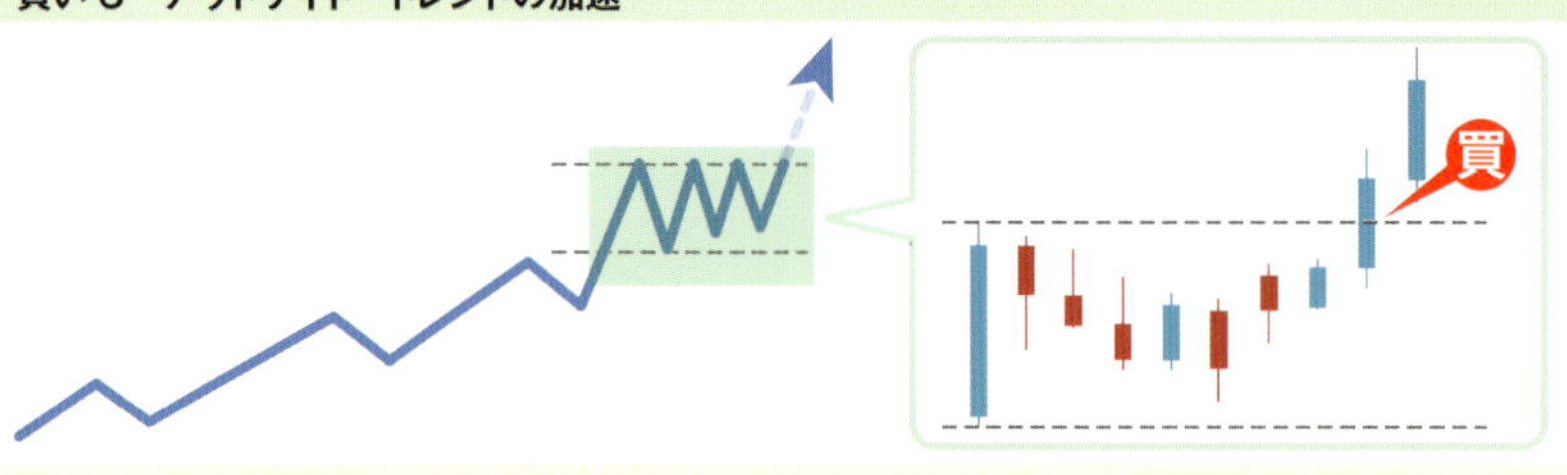

条件1：底打ち、また上昇トレンドがすでに確認されている
条件2：インサイド、またはアウトサイドの形成
●サイン：インサイド、アウトサイド　●エントリー：一番値幅の大きなローソク足の高値の更新で買い
●ストップ：一番値幅の大きなローソク足の安値の下

買い7　強気リバーサル・押し目

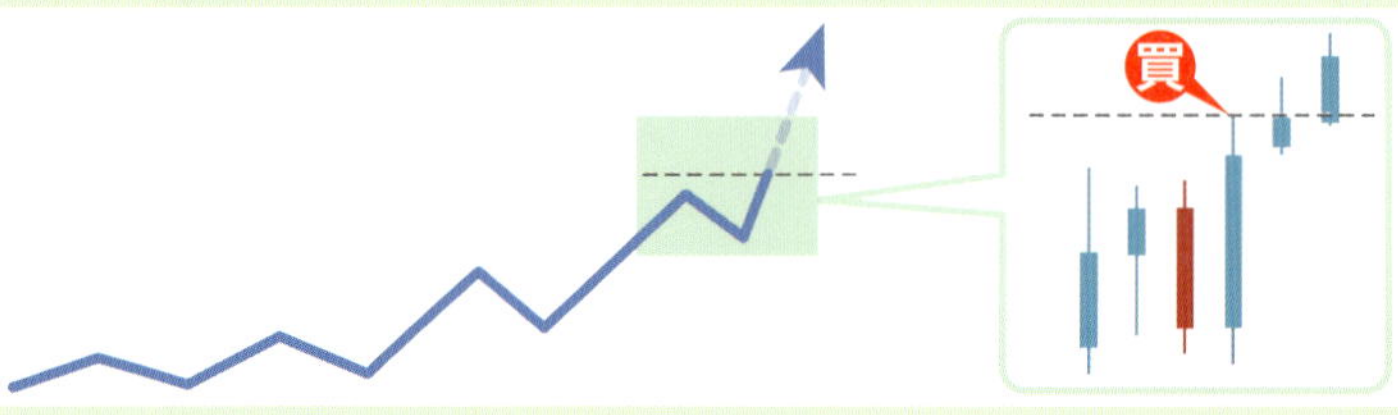

買い8　アウトサイド・押し目

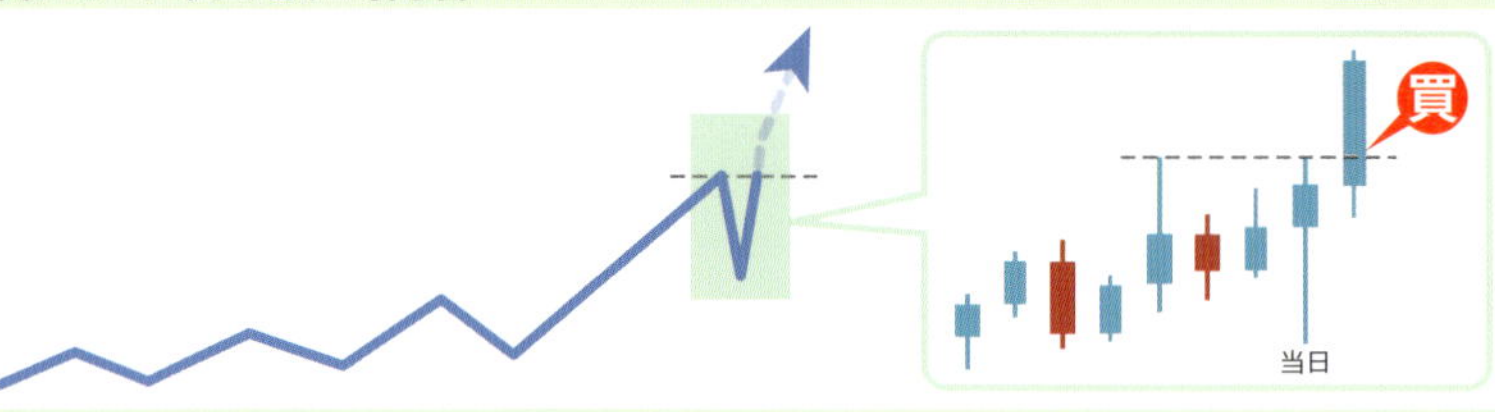

買い9　フェイクセットアップ・押し目

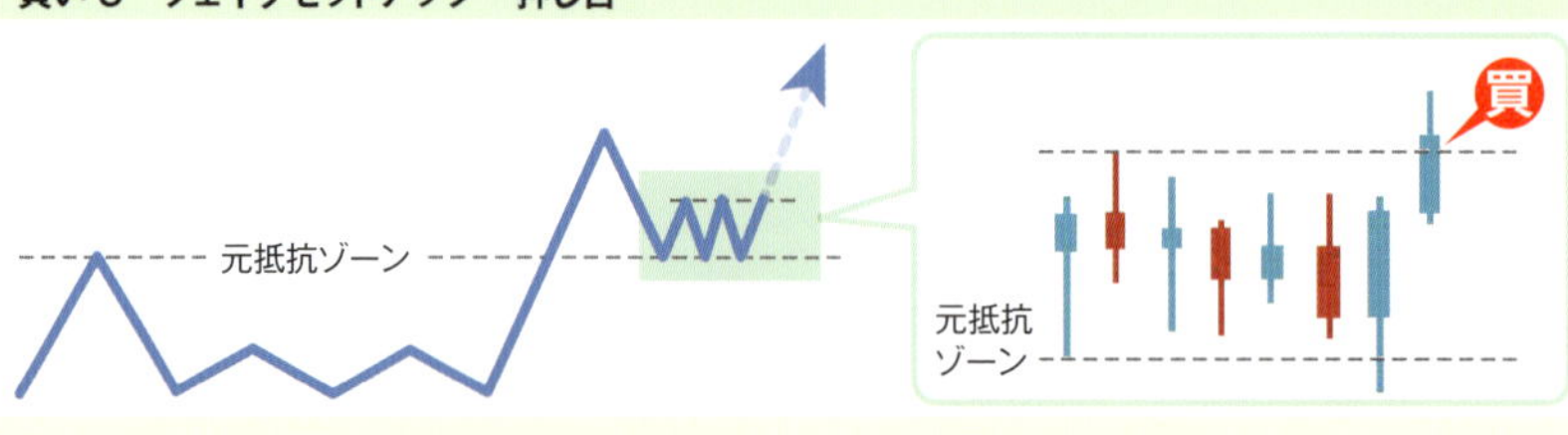

条件1：底打ちや上昇トレンドが確認されていること
条件2：強気リバーサルが出現。アウトサイドやフェイクセットアップとの複合シグナルならなおよし
●サイン：強気リバーサル、アウトサイド、フェイクセットアップ、フォールスブレイクアウト
●エントリー：直近の高値を当日もしくは翌日以降越えたところで買い　●ストップ：強気リバーサルの安値の下

売り６　アウトサイド・トレンドの加速

売

条件１：天井打ち、また下落トレンドがすでに確認されている
条件２：インサイド、またはアウトサイドの形成
●サイン：インサイド、アウトサイド　●エントリー：一番値幅の大きなローソク足の安値の更新で売り
●ストップ：一番値幅の大きなローソク足の高値の上

売り７　弱気リバーサル・戻り売り

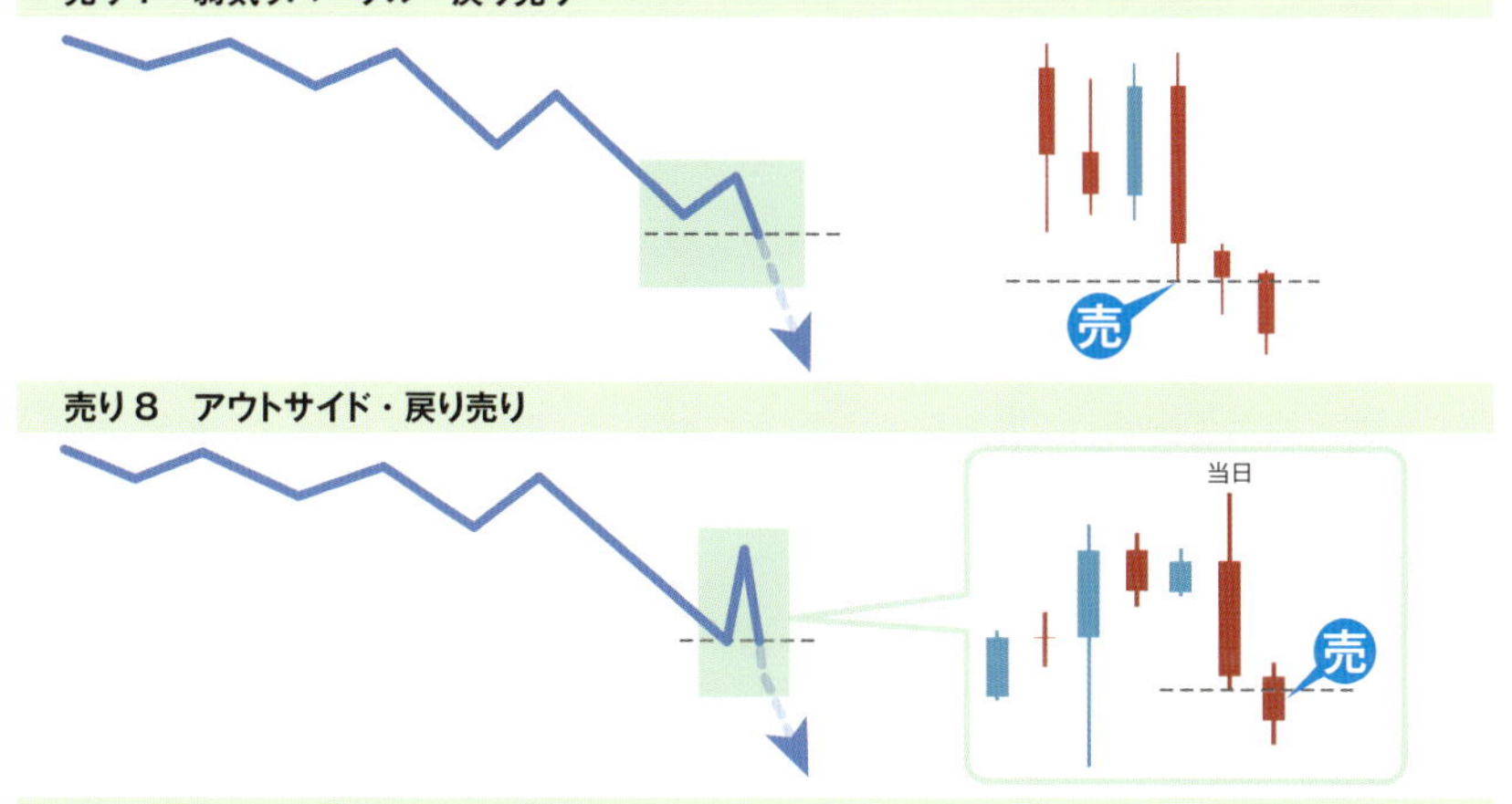

売り８　アウトサイド・戻り売り

売り９　フェイクセットアップ・戻り売り

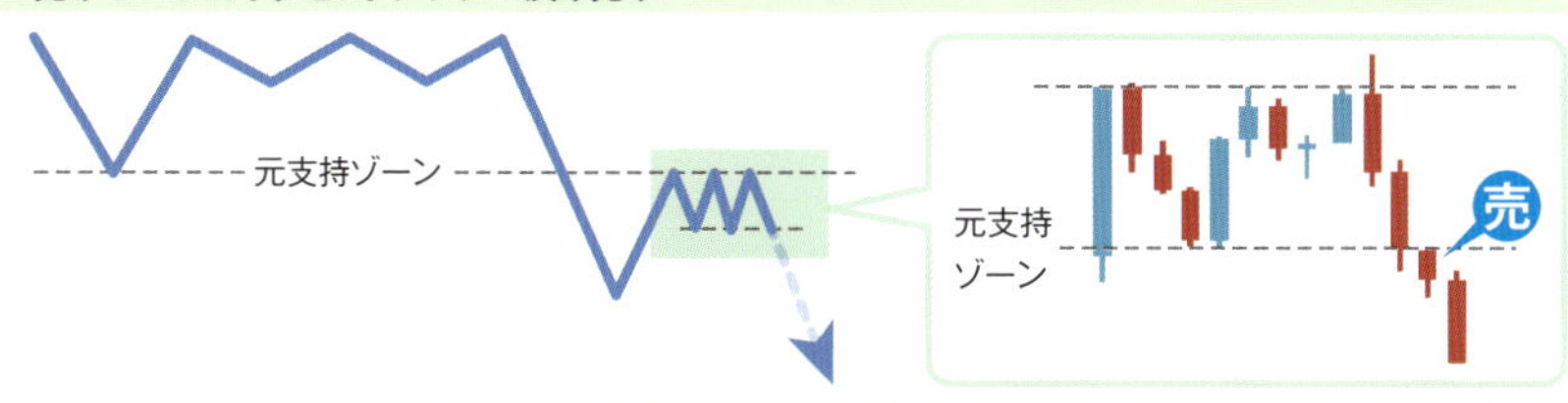

条件１：天井打ちや下落トレンドが確認されていること
条件２：弱気リバーサルが出現。アウトサイドやフェイクセットアップとの複合シグナルならなおよし
●サイン：弱気リバーサル、アウトサイド、フェイクセットアップ、フォールスブレイクアウト
●エントリー：直近の安値を当日もしくは翌日以降下回ったところで売り　●ストップ：弱気リバーサルの高値の上

変化の前兆・ピンバーは相場の転換点になりやすい

ピンバーは、ヒゲが非常に長く、逆に実体部分が比較的小さなローソク足で、取引時間中、極端な高値や安値をつけたものの、急激に押し戻された値動きを示します。実体部分から離れた高値を示す上ヒゲは、上値に売り圧力があることを示し、その先端はその後の値動きに対して抵抗帯になります。安値を示す下ヒゲは下値で買い支えがあることを示し、その後は支持帯として機能します。

ピンバーの上ヒゲ、下ヒゲは投資家の注目を浴びやすく、過去の重要な高値や安値が位置する価格帯と重なっていたり、何本も揃って同じ価格帯に出現すると、より強力な支持帯・抵抗帯として機能します。チャートを見るときは、値動きの山と谷に突き出した上ヒゲや下ヒゲが何本も出現している価格帯がないか、をチェックするクセをつけましょう。

いったんブレイクされると抵抗帯は支持帯に、支持帯は抵抗帯に早変わりすることも多く、その役割の変化に注目することも大切です。

図1-3のユーロ/円はその好例です。画面左の**ピンバーA**の上ヒゲに注目してください。上下動の値動きの山の部分に突き出した上ヒゲ先端の**高値ライン**は、その後の上昇でブレイクされたあと、下値を支えるサポートラインとして機能。**ピンバーB**の長い下ヒゲがそのレベルで下げ止まるなど、投資家からも支持帯として強く意識されるようになっています。

図１－３　ユーロ／円　日足（2017 年２月 27 日～６月 12 日）

図１－3a

過去の高値はいったんブレイクされると、その後は支持帯として機能します。

ピンバーBの下ヒゲは、いったん、支持帯を割り込んだものの、結局は切り返しており、フォールスブレイクアウトのサインも点灯。その後、**図１－３a**のように反対方向の上昇が加速するきっかけになっています。

ピンバーのヒゲが重要な価格帯に複数登場したときは、強力な抵抗帯や支持帯になりやすいので注目しましょう。 **図1－4**は豪ドル／円の日足チャートですが、図の中央付近の抵抗帯は2018年年初からの全下落幅（図の最高値と最安値を結んだ値幅）の38・2％ラインにあり、「フィボナッチリトレースメントにおける黄金比率」として何かと投資家の注目を集めやすい価格帯です。

チャートを見ると、豪ドル／円は最安値をつけたあと反転上昇していますが、フィボナッチの38・2％ラインは目先の抵抗帯として意識したいところ。その価格帯には**ピンバーA**の下ヒゲや**B**の上ヒゲが位置しており、プライスアクションのサインから見ても重要な抵抗帯になっています。両者のシグナルが重なることで、38・2％ラインが強い抵抗帯になりそうだと推測することができました。実際、その後の反転上昇局面で出現した**ピンバーC**、**D**の上ヒゲが38・2％ラインにぶつかって跳ね返されたことにより、この価格帯が非常に重要な抵抗ゾーンとして再確認されることになりました。

特に上ヒゲの長いピンバーCは、いったんこの**抵抗帯**を抜けたものの、前日安値を下回って下落する弱気リバーサルのサインでもあり、その後の反転下落を示す重要なシグナルになっています。

ちなみに、図のAは下落局面に出た下ヒゲの長いピンバーで、通常は下げ止まりシグナルです。しかし、シグナルがダマシに終わり、下ヒゲ先端の安値を越えて下落した場合は「ダマシは逆方向のシグナル」というプライスアクションの法則通り、下降トレンドの加速シグナルに転換します。

要するにピンバーAの下ヒゲは、これまでの下落で儲かったショート筋の利益確定による買い戻しによってできたもので、新たなロング筋の継続参入はありませんでした。だからこそ、翌日以降、再

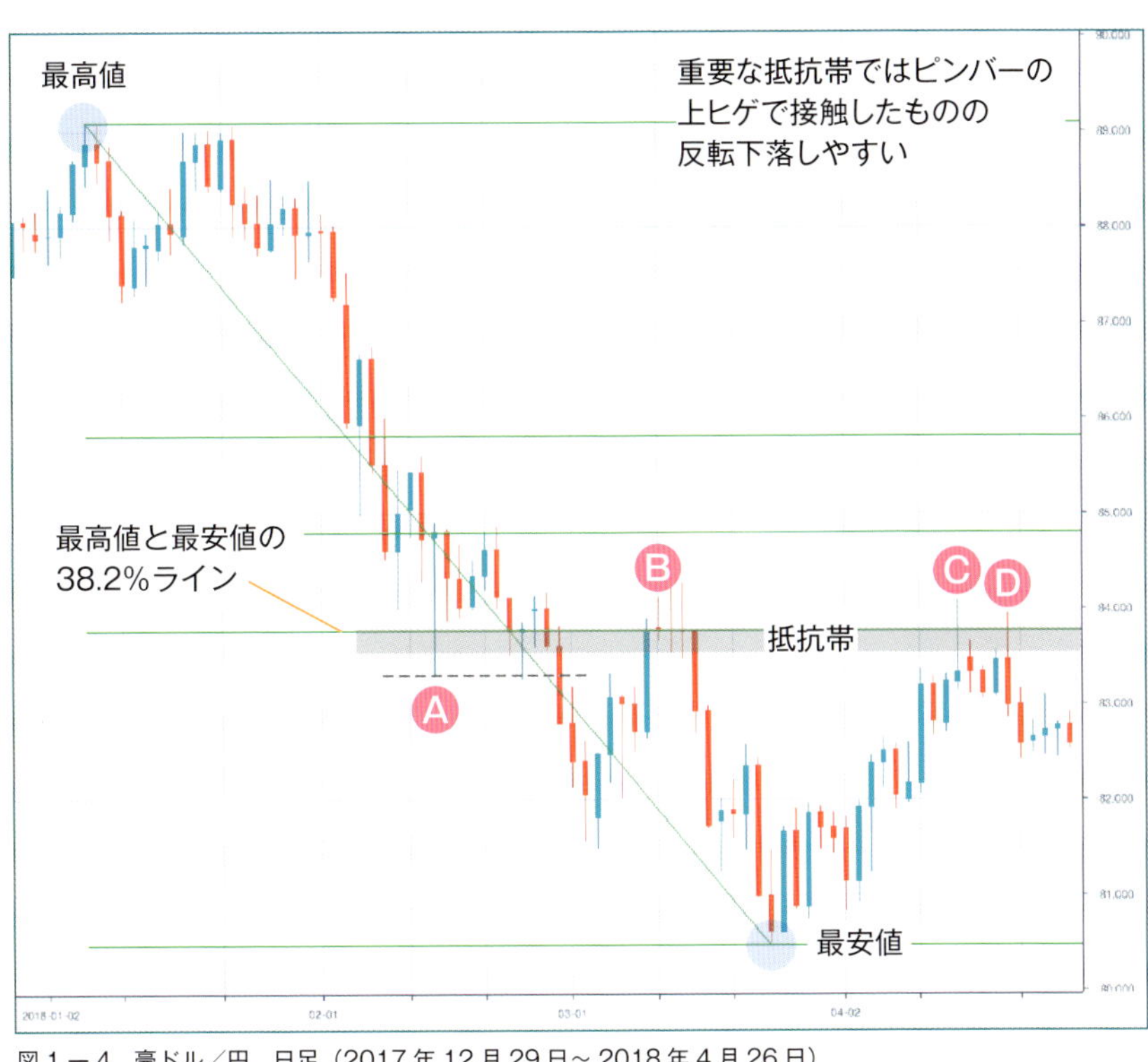

図１－４　豪ドル／円　日足（2017年12月29日～2018年4月26日）

び下落が続いてしまったのです。

トレンド相場の小休止は「スピード調整」と呼ばれ、市場参加者の利益確定によって起こりますが、その調整が終わったあとは再びトレンド相場が加速していくケースが多くなります。

ピンバーＡのような長い下ヒゲが下げ止まりにつながらず、ダマシに終わると、それはトレンド相場のスピード調整と見なされ、その後のトレンド加速のシグナルになるわけです。

この場合、Ａの下ヒゲを割り込んで下落したところが新規に売りエントリーすべきポイントになります。

トレンド転換の前兆となるスパイクハイ&ロー

スパイクハイは上昇トレンドの最終局面で出現し、スパイクローは下降トレンドの終わりに登場するのが基本です。トレンドの果てというか、勢いの果てに到達した形といえます。

スパイクハイの成立条件は、突き出した比較的長い上ヒゲがその日の前後、数日間の高値より高い位置にあって、相場の天井を示していることで、数日経過しないと成立したかどうかわかりません。せっかくの売買チャンスを逃してしまいそうにも思えますが、スパイクが示す値動きの方向転換はかなり長期間にわたって続くことが多いので、ローソク足が出現したあと、ある程度、時間が経ってから取引しても遅くはありません。

実際、**図1-5**のドル/円の日足チャートを見ても、相場が山や谷を形成した天井圏や大底圏には、必ずといっていいほどスパイクハイ&ローの形をしたローソク足が出現しています。

相場の天井や大底が上ヒゲや下ヒゲで終わりやすいのは、単にそこが買いや売りのピークだっただけでなく、極端な上ヒゲや下ヒゲの存在自体が投資家にとっての警告や心理的な圧力になっているからでもあります。いわば上ヒゲや下ヒゲは「さらし者にされた敗者」の売買痕跡であり、それが一種のトラウマになって投資家がさらなる上値や下値を目指すのをあきらめさせているのかもしれません。為替相場を動かす投資家心理は合理的で知性的というより、動物的で盲目的なものなのです。

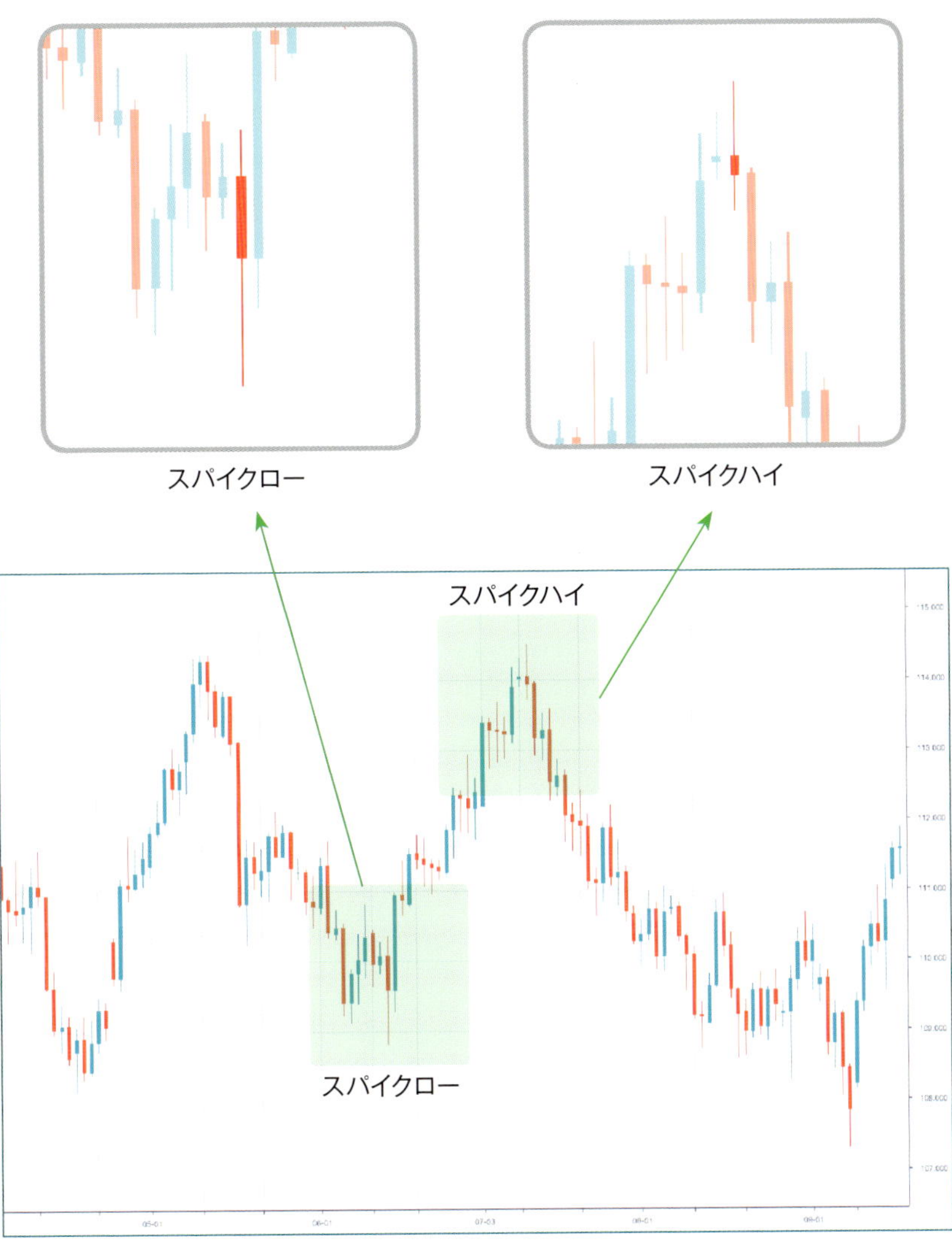

図１－５ドル／円　日足（2017年４月４日～９月19日）

スパイクハイは上昇トレンドに乗じて勢いよく買い上げたロング筋が、利益確定やショート筋の反撃を浴びて全面撤退した状況を示しています。上昇トレンドが最高潮に達した時点で出現すると、高値づかみしたロング勢の損切りの投げ売りで、売りが売りを呼ぶ展開となり、トレンドの勢いが急速に失速するサインになります。

上ヒゲの先端で買ったロング筋、下ヒゲの先端で売ったショート筋はある意味、ロング筋ショート筋の攻防の「犠牲者」のようなものです。その犠牲者の売買痕跡が顕著にわかる上ヒゲ、下ヒゲが「見せしめ」のように露骨に残ってしまったからこそ、それまでのトレンドが弱まって反対方向の動きが加速する、ともいえます。

一方、ピンバー同様、スパイクのヒゲの先端はその後の値動きにとって支持帯や抵抗帯として働きます。逆に言うと、ピンバーの下ヒゲが位置する安値ラインを為替レートが割り込んでしまうと、支持帯がブレイクされたことで下落の勢いが強くなり、過去の支持帯は抵抗帯に早変わりします。

図1−7のドル／円の週足チャートでは、上昇トレンドの天井圏で、極端に下ヒゲの長い**スパイクローA**が出現しています。その後、ドル／円相場は天井を打ったあと、Aの下ヒゲが位置する**安値ライン**を割り込むことで下落が加速。明確な下降トレンド入りのシグナルになりました。

これまでは支持帯として機能していた安値ラインをブレイクした**大陰線B**は、ちょうど2016年2月に日銀がマイナス金利導入を発表したときの値動きです。

当時は「日銀が追加緩和することでドル／円が上昇する」という思惑から、ロング筋が買いポジショ

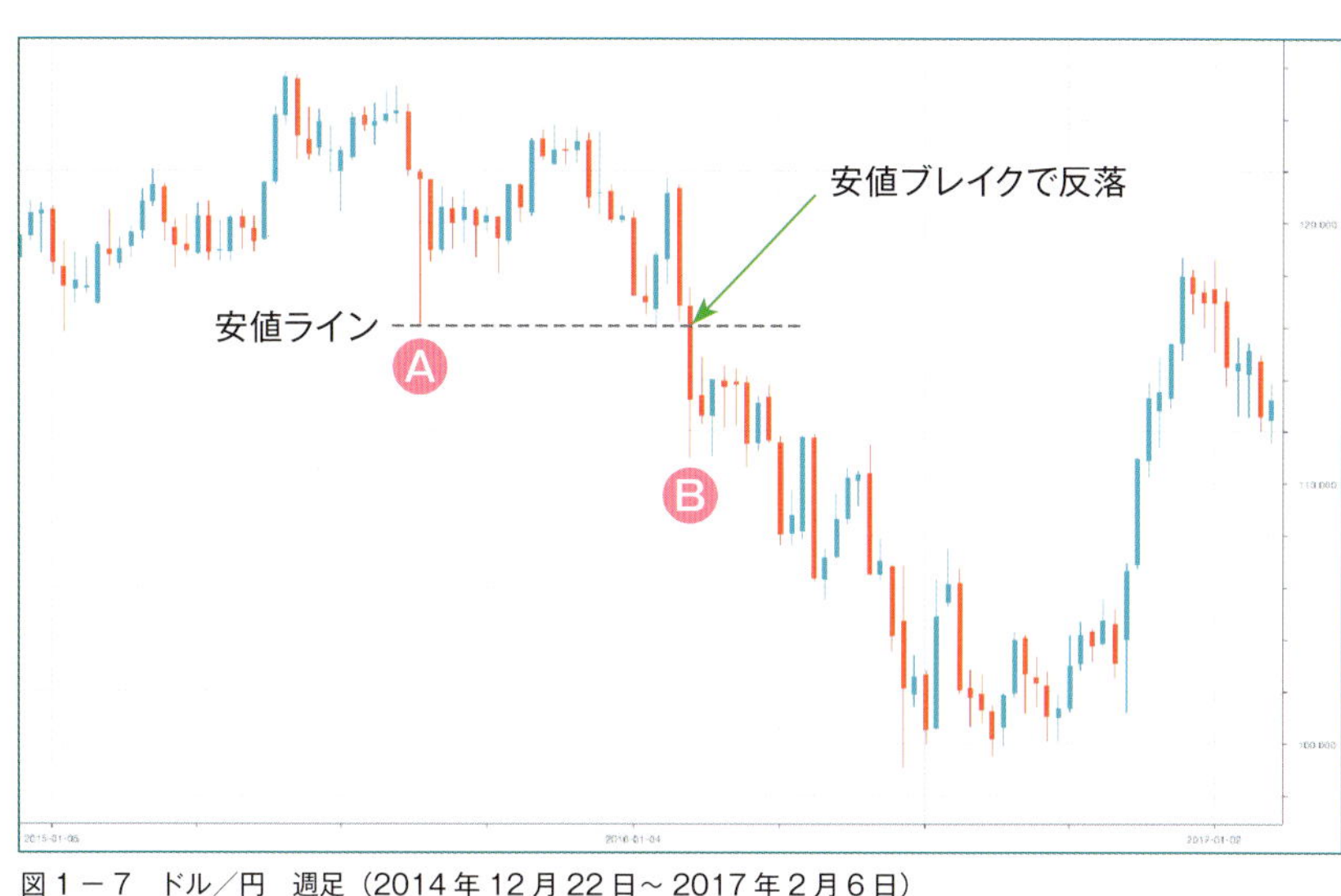

図１－７　ドル／円　週足（2014 年 12 月 22 日～ 2017 年２月６日）

ンの残高を相当、増やしていたと思われますが、マイナス金利導入で銀行など金融機関が打撃を受ける、というネガティブサプライズが拡大。ロング筋の投げ売りが、強力な支持帯だったＡの安値ラインブレイクにつながった、といえるでしょう。

チャート上に出現した「極端に長いヒゲ」は戦争やテロや経済危機、予想外の経済指標発表など、市場にとってビッグサプライズが発生したときに出現しやすいもの。予想外の出来事に市場参加者が「右往左往」した痕跡といえます。

「ヒゲ＝不規則で移り気な値動き」と排除する考え方もありますが、市場参加者全員の目にとまるような長いヒゲはその後の相場展開でも意識されやすいものです。**図１－７でスパイクローの安値割れが相場の転換点になったように、「比較的長いヒゲには必ず何か意味がある」と考えて注意を怠らないようにしましょう。**

スラストはトレンド相場の勢いの証明

「スラスト」という英語はあまり日本ではなじみがなく、とっつきにくい印象があるかもしれません。「ぐいぐい押す」というような意味で、「ヒップスラスト（お尻を持ち上げる動作）」などエクササイズ用語として使われています。

その意味通り、力強い値動きを示すサインで、「スラストアップ」の成立条件は、当日の終値が前日の高値を越えること。上昇トレンドに不可欠な高値更新を果たしたローソク足です。

図1－8はヨーロッパ中央銀行（ＥＣＢ）の量的緩和縮小（テーパリング）期待で強気相場が続いた２０１７年3月～8月のユーロ／ドルの日足チャートです。右肩上がりの上昇トレンドの中に、たくさんのスラストアップが登場しています。上昇局面では頻出する値動きなので、どれに注目したらいいかわからないほど。同じスラストアップの中でも「連続して起こったスラストアップ」「前日だけでなく、過去数日間の高値を更新するようなスラストアップ」には特に注目しましょう。

図1－8では、緑の枠で囲ったゾーンの中の3本の大陽線が3日連続の高値更新となっています。スラストアップの連続は上昇トレンドの初動段階に出れば高値更新を続ける勢いの強さを示し、本格的なトレンド加速シグナルになるので素直に買いで勝負すべきポイントになります。また、図の**スラストアップB**は過去の最高値となる**ローソク足A**の上ヒゲ高値ラインを完全に突破しており、上昇ト

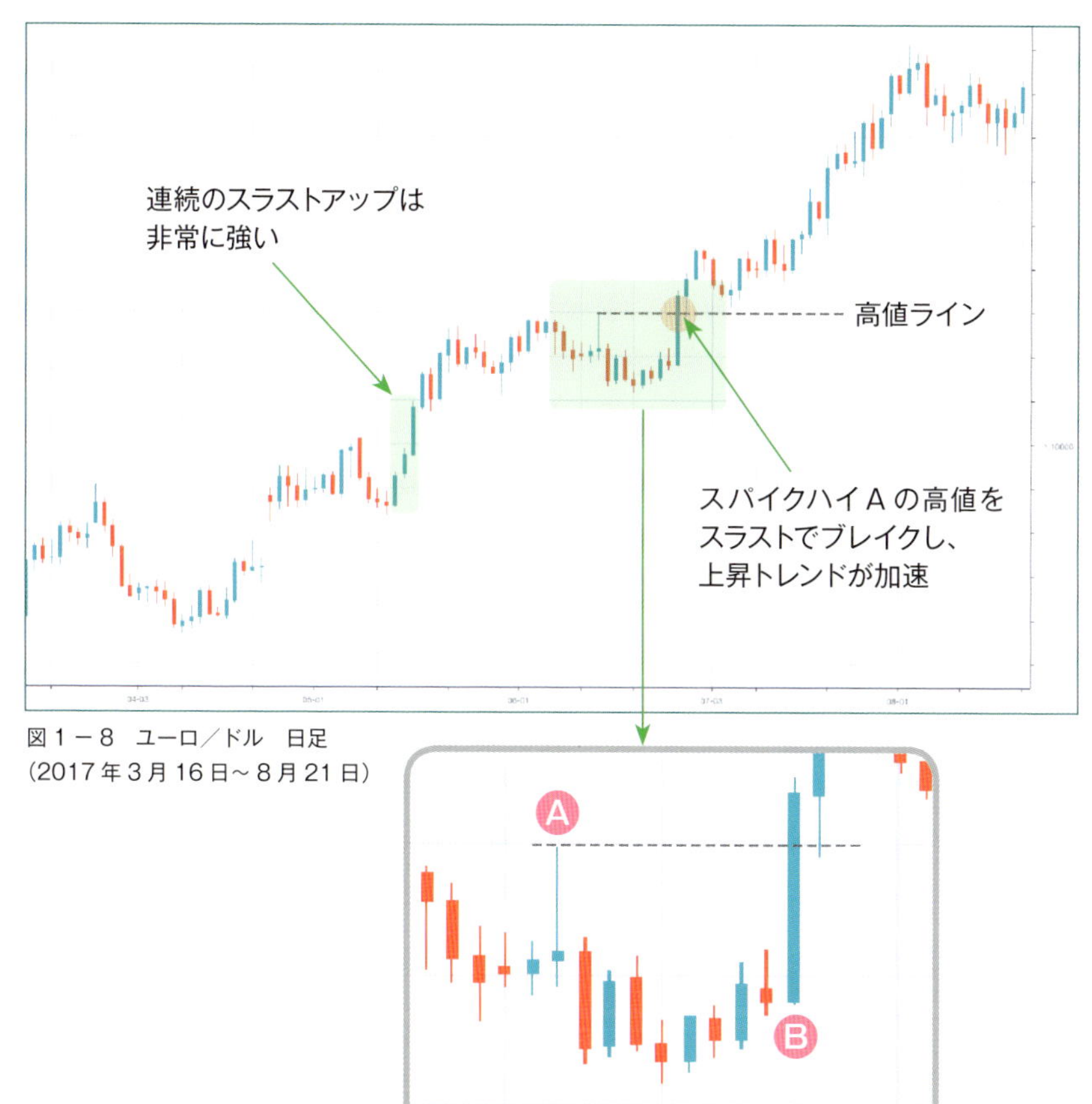

図１－８　ユーロ／ドル　日足
（2017年３月16日～８月21日）

レンドの上値を切り開く力強いスラストアップになっています。

その後Ｂは、５日経ってランウェイアップにも合致したので「複数のサインが出た足ほど影響力が強い」という法則からいっても、非常に強力なローソク足と判断できました。**上ヒゲの長いローソク足Ａはスパイクハイであり、その上ヒゲがブレイクされたことで上昇トレンドがさらに加速する、と判断できます。**

抵抗帯・支持帯をブレイクするスラストに注目

トレンド相場ではスラストが多発するため、より重要なシグナルを見分けるための基準を設定したほうがいいでしょう。同じスラストでもこれまでの値動きの抵抗帯や支持帯をブレイクするようなローソク足はトレンド加速の号砲となるので、実戦でも重要なエントリーポイントになります。

図1－9は２０１７年のドル／円の値動きですが、スラストダウンが連続して発生しています。図の**大陰線A**のように、これまで支持帯として働いてきたサポートラインをブレイクするようなスラストダウンは強力な下落シグナルとなり、売りで勝負するチャンスです。Ａは過去５日間の安値を下回っておりランウェイダウン候補でもあります。

スラストというと陽線が立て続けに出たり、陰線が連続する値動きを想定しがちですが、**ローソク足B**のように、前日に出た大陽線から切り返すように大陰線が登場し、前日安値を下回る水準まで大きく下落する値動きもスラストダウンです。

Ｂのローソク足は前日の陽線の実体部分を包み込んでいるのでアウトサイドでもあり、かつ前日の高値を越えていないので完成形ではありませんが弱気リバーサル崩れでもあり、サインが重なった強い値動きです。

前日の上昇を完全に打ち消すことで、その後のさらなる急落の起点になっていることからも、それ

図１－９　ドル／円　日足（2017 年 12 月 6 日～ 2018 年 4 月 2 日）

は明らかです。

当然ですが、同じスラストでもトレンドに応じて、下降トレンドではスラストダウン、上昇トレンドではスラストアップをより重視すべきです。

下降トレンドでも、図の**緑のゾーン**のように、スラストアップが連続することもありますが、弱気相場のスラストアップはショート筋の利益確定などスピード調整に過ぎないので、買いで勝負する局面ではありません。逆に調整後に再び下落に転じたところで売り勝負すべき。下降トレンドが明確な局面でスラストアップが連続したら、逆に「高値で売り場を探す格好のチャンス」ととらえましょう。**プライスアクションはトレンドという大きな流れの中にあって初めて意味を持ちます。大局的なトレンドをしっかり把握したうえで、プライスアクションで細部の値動きのニュアンスを分析することが、高精度の予測につながるのです。**

高く買ってさらに高く売るランウェイアップ

ランウェイは、それ自体が重要な抵抗帯や支持帯をブレイクする勢いのある値動きで、トレンド相場の推進力としてはスラスト以上の勢いがあります。

トレンド相場には、毎日毎日じわじわと少しずつ高くなるスラスト型と、もみ合い↓急上昇↓再びもみ合いと、踊り場を作って上がる階段タイプのランウェイ型の2つがあることを意識しましょう。

ランウェイの弱点は、n日後の安値や高値の推移を見ないと完成したかどうかわからない点にあります。ただ、ランウェイは往々にして大陽線や大陰線の形をとることが多いので、たとえば過去5日の高値を大幅に上回るような大陽線が出現すれば、その段階で「これはランウェイアップの可能性大」と考えていいでしょう。特に、その大陽線が、これまで上昇を阻む壁となってきた高値の抵抗帯を一気にブレイクした場合は、それ自体が「高値ブレイク」という買いシグナルにもなるので、ブレイク段階で追随買いするのがセオリーとなります。

図1-10は、ECBのテーパリング期待でユーロ/円の上昇が続いた2017年4月〜9月を含んだ日足チャートですが、**大陽線A**が①過去5日間の最高値を越える高値をつけ、②その後、5日間の最安値が当日の安値を下回らない、という条件を満たしたランウェイアップになっています。

ローソク足Aは土日に窓を空けて上昇したあとにつけた陰線に対して、アウトサイドかつ強気リ

図１－10　ユーロ／円　日足
（2016年12月8日～2018年6月28日）

バーサル崩れにもなっており、今後、ランウェイアップとなる可能性が高い大陽線で、実際、その後、勢いよく上昇しました。複数のシグナルが点灯したローソク足は値動きの転換点になる典型例といえます。

ローソク足Bは、それほど値幅が大きくはないですが、**その後スラストアップかつランウェイアップになりそうな値動きで、かつ過去の高値を結んだレジスタンスラインを勢いよくブレイクしています。ユーロ／円が上昇トレンド入りするうえで、このブレイクは必要不可欠です。**ローソク足Bの出現で、ローソク足Aが非常に力強いランウェイアップであることが確定したこともあり、「この勢いは衰えにくい」と判断して、素直に買いで勝負して大正解でした。

水準訂正が実体／ヒゲのどちらで起きるか

ランウェイダウンは、①過去n日間の最安値を下回る安値をつけ、②その日の高値がその後、n日間の最高値より上にあることが成立条件ですが、①の条件を満たしたローソク足が重要な安値ラインや支持帯を割り込んでいるなら、安値や支持帯ブレイクを根拠に売りで勝負しても構いません。

図1-11においても、A**や**B**のローソク足**は、それまでの下落を食い止めてきた過去の安値が位置するラインを大陰線で割り込んでおり、その「安値ブレイク」をもって売ってよし、の状況になっています。

ランウェイの形状は大陰線や大陽線が多いですが、C**のローソク足**のように、実体部分はそれほど値幅がなく、上下に長いヒゲが突き出したランウェイダウンもあります。ただし、ヒゲが長く実体が短い足はロング筋とショート筋が押しつ戻しつ、まだ勝負がついていない状況を示します。そのため、**実体部分の長い大陰線や大陽線のランウェイほど強いシグナルではありません。**

図の場合も、上下に長いヒゲのあるスラストダウンかつランウェイダウン完成を予感させるローソク足Cが出現したあとは、支持帯を挟んだもみ合いが続きました。Cの長い上下のヒゲがロング筋とショート筋の勢力拮抗を暗示し、その後のもみ合いにつながった、と解釈することもできます。

序章でも見たように**「大きな値動きの裏には必ず反対勢力の損切りがある。暴落の裏にはロング筋**

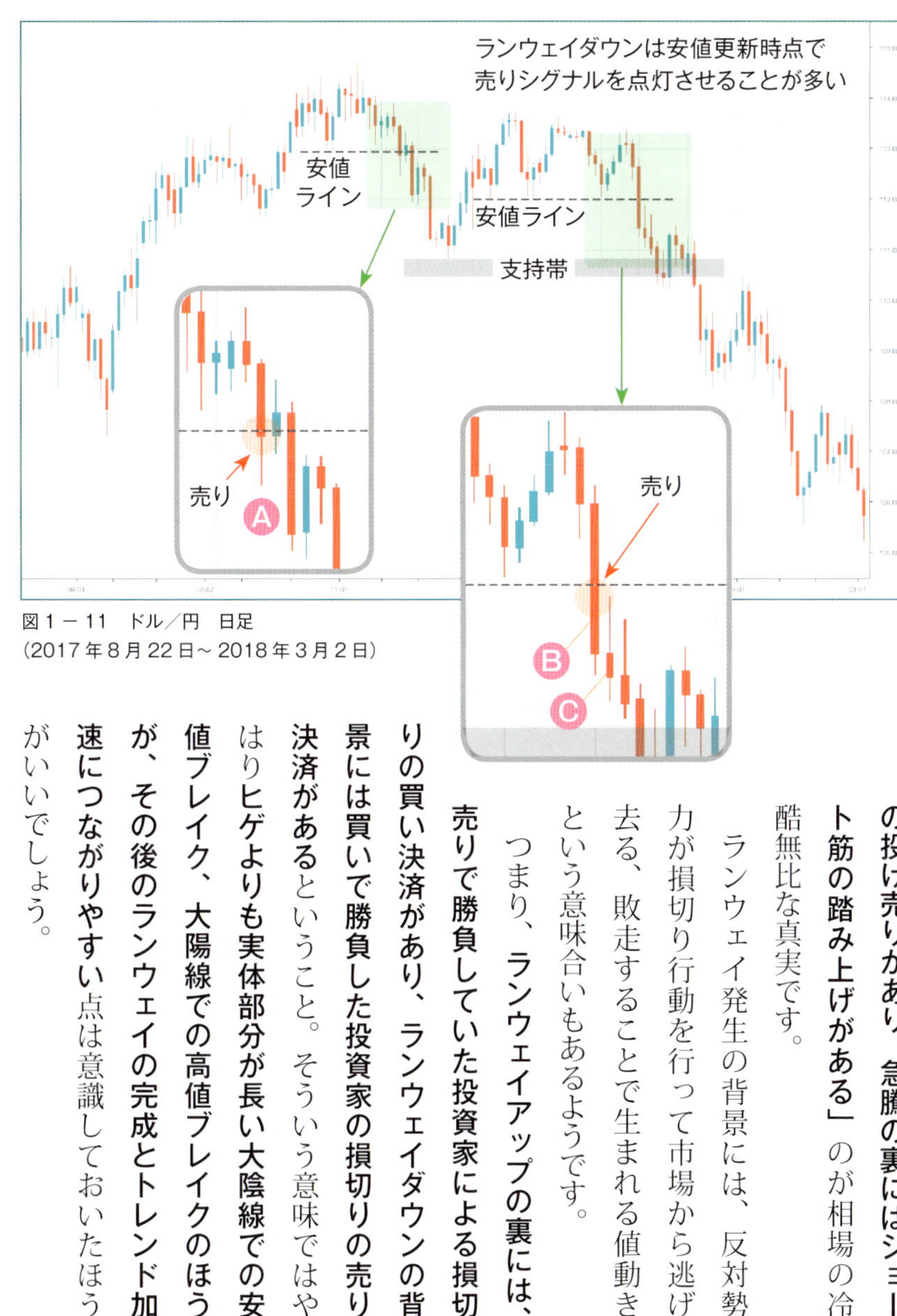

図１－11　ドル／円　日足
（2017 年８月 22 日～ 2018 年３月２日）

の投げ売りがあり、急騰の裏にはショート筋の踏み上げがある」のが相場の冷酷無比な真実です。

ランウェイ発生の背景には、反対勢力が損切り行動を行って市場から逃げ去る、敗走することで生まれる値動きという意味合いもあるようです。

つまり、**ランウェイアップの裏には、売りで勝負していた投資家による損切りの買い決済があり、ランウェイダウンの背景には買いで勝負した投資家の損切りの売り決済がある**ということ。そういう意味ではやは**りヒゲよりも実体部分が長い大陰線での安値ブレイク、大陽線での高値ブレイクのほうが、その後のランウェイの完成とトレンド加速につながりやすい**点は意識しておいたほうがいいでしょう。

天井圏での弱気リバーサルはトレンド転換を疑う

弱気リバーサルは、①前日の高値を越えて上昇したものの、②そこから一転、下落に転じて、前日ローソク足の実体下辺もしくは安値以下まで下落して終わると完成します。相場の天井圏に出たときは「リバーサルハイ」と呼ぶこともあります。

通常は前日陽線とそれ全体を包み込む当日大陰線の組み合わせなので、アウトサイドのシグナルも同時点灯することが多いのが特徴です。スパイクハイ同様、上昇トレンドやレンジ相場の天井圏に出たときは、トレンド転換の兆しとなります。あえて「兆し」としたのは、反転せずにダマシに終わることも多いからですが、本来、反転するはずなのに反転しない場合は「ダマシ」となり、サインとは反対方向に向かうシグナルになります。

図1-12は豪ドル／円の日足チャートですが、上昇が続いて高値まで到達したあと、下落に転じる局面がことごとく弱気リバーサルになっています。**弱気リバーサルA**はローソクの実体下辺を下回っています。B、C、Dは前日安値を割り込んで終わっており、より強力な反転下落サインです。AやDの弱気リバーサルはダブルトップを形成しており、前日高値を越えて上昇したものの、直近天井圏の抵抗帯となって下落に転じています。「重要な抵抗帯、支持帯近辺に登場したプライスアクションはより重要性が高い」という判断基準からいっても、AやDの弱気リバーサルは相場の下落をより強

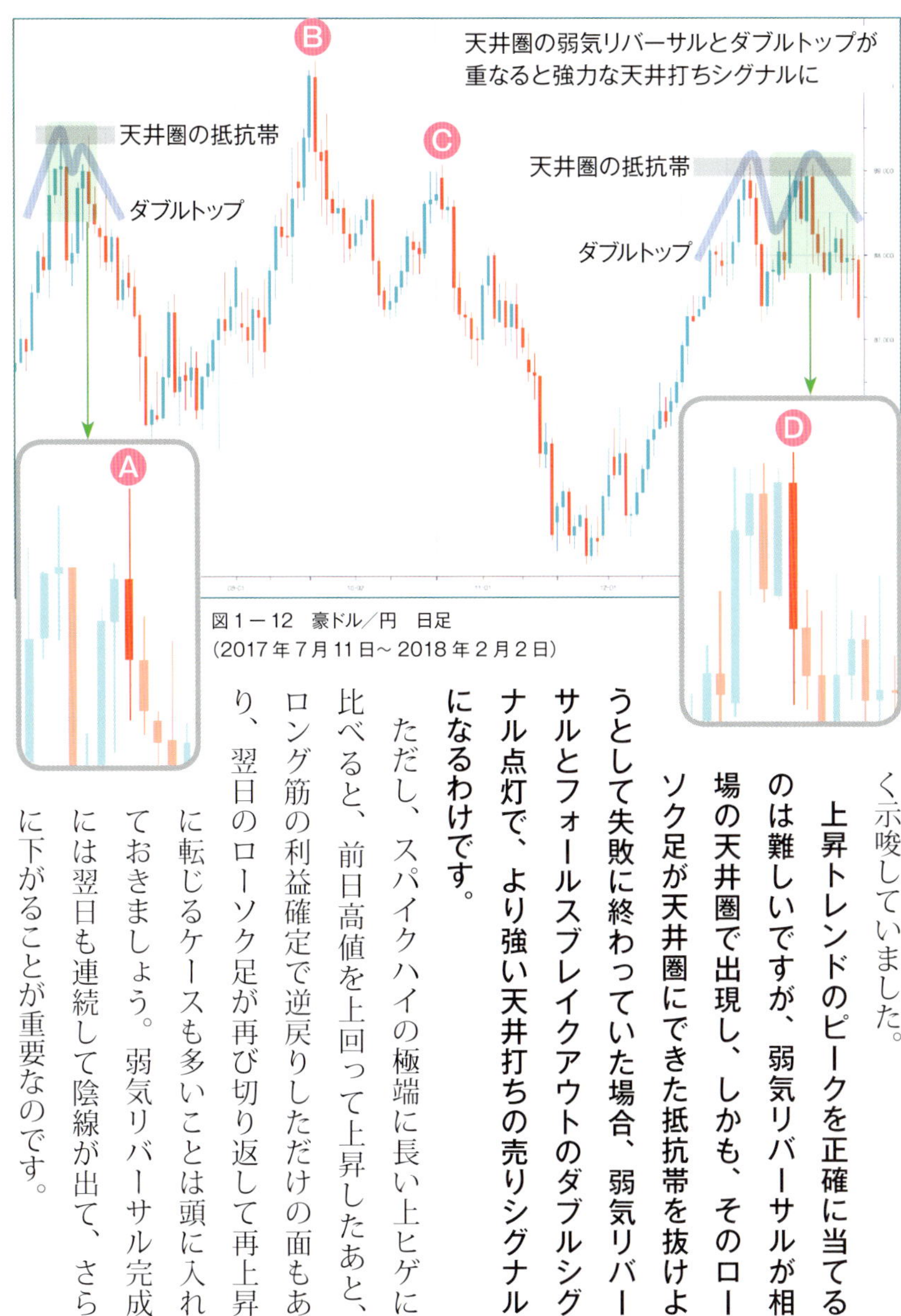

図１－12　豪ドル／円　日足
（2017年７月11日～2018年２月２日）

く示唆していました。

上昇トレンドのピークを正確に当てるのは難しいですが、弱気リバーサルが相場の天井圏で出現し、しかも、そのローソク足が天井圏にできた抵抗帯を抜けようとして失敗に終わっていた場合、弱気リバーサルとフォールスブレイクアウトのダブルシグナル点灯で、より強い天井打ちの売りシグナルになるわけです。

ただし、スパイクハイの極端に長い上ヒゲに比べると、前日高値を上回って上昇したあと、ロング筋の利益確定で逆戻りしただけの面もあり、翌日のローソク足が再び切り返して再上昇に転じるケースも多いことは頭に入れておきましょう。弱気リバーサル完成には翌日も連続して陰線が出て、さらに下がることが重要なのです。

リバーサルは複合シグナルになりやすい

強気リバーサルは、①前日安値を下回る安値まで下落したあと、そこから見事に切り返して、②前日ローソク足の実体上辺もしくは高値を越えた水準で終値をつけると成立します。前日の高値を上回って終わった場合、前日の値動きすべてを包み込む大きな値動きとなるため、リバーサルに加えてアウトサイドでもある複合シグナルになりやすいのも特徴です。

図1ー13の英ポンド／円は全体として上昇トレンドが続いていますが、高値形成後にずるずると下落して、過去につけた重要な安値を割り込みそうになった局面で**A**や**B**の**強気リバーサル**が出現し、見事な切り返し上昇に成功しています。

繰り返しになりますが、**「重要な抵抗帯や支持帯など相場の分岐点に出現するシグナルはより重要性が高く、サインの確実性も高い」**のがプライスアクションの法則です。

図の**AやBのローソク足（強気リバーサル）**は下ヒゲが伸びて、支持帯や安値ラインを割り込んでいます。つまり「直近安値ブレイク」という下向きのシグナルが発生したものの、それがダマシに終わって、翌日以降、上昇が加速。この値動きはのちほど見るフォールスブレイクアウトそのものです。

ダマシが真逆の方向への勢いを強化する、というプライスアクションの中でもかなり強いシグナルで、しかも強気リバーサル、アウトサイドでもある複合シグナルなので、非常に重要性の高い値動き

図１－13　英ポンド／円　日足
（2017年９月７日～2018年２月20日）

でした。 実戦でも、この３つのサインが重なるシグナルは頻出するので覚えておきましょう。

プライスアクションを使って値動きを見るときは１サイン１解釈ではなく、いろいろなサインを同時に発するローソク足ほど重要でわかりやすいシグナルだということを強く意識しましょう。

Ａのローソク足はそれまで右肩下がりの**レジスタンスライン**に上値を押さえつけられ、三角保ち合い（トライアングル）の形状で下落したあと、レジスタンスラインをブレイクする直前に起こった強気リバーサルでもあります。翌日のアウトサイドＡの母線高値をブレイクしており、その観点からもその後の上昇を強く示唆していました。愚直にサインに従って機械的に売買しても、比較的利益を出しやすいシグナルがリバーサルといえるでしょう。

大相場につながる可能性も高いリバーサル

リバーサルは、値動きが大きく反転するような大相場の初動段階に出現することが多いので、その実例を見ておきましょう。大相場というのは往々にして、ロング筋もショート筋も相場がどちらに行くかわからず戦々恐々として値動きが乱高下していたところに、予想外のサプライズな出来事が発生し、一方の勢力の大規模な損切りが発生したときに起こりやすくなります。

図1－14はイギリスの国民投票でＥＵ離脱が決定した２０１６年６月前後の英ポンド／円の日足チャートです。離脱が決まった日の**ローソク足Ａ**の値動きは「歴史的」と呼ぶにふさわしい、乱高下相場となりました。

上ヒゲ、下ヒゲともに長い巨大な陰線Ａは、前日高値を大きく越えて上昇したあと、真っ逆さまに下落。前日安値をはるかに下回る価格帯まで大暴落しており、巨大な弱気リバーサルかつアウトサイドかつランウェイダウンの複合シグナルになっています。

この波乱の1日の値動きを、もしプライスアクションのサインに沿って冷静に判断できていたなら、まず①の前日安値割れの地点は、急上昇したあと長い上ヒゲを残して急落していたことから絶好の売りポイントになりました。

さらに数日前の土日を挟んだ値動きで生じたローソク足の空白＝窓を埋める動きも出ており、窓埋

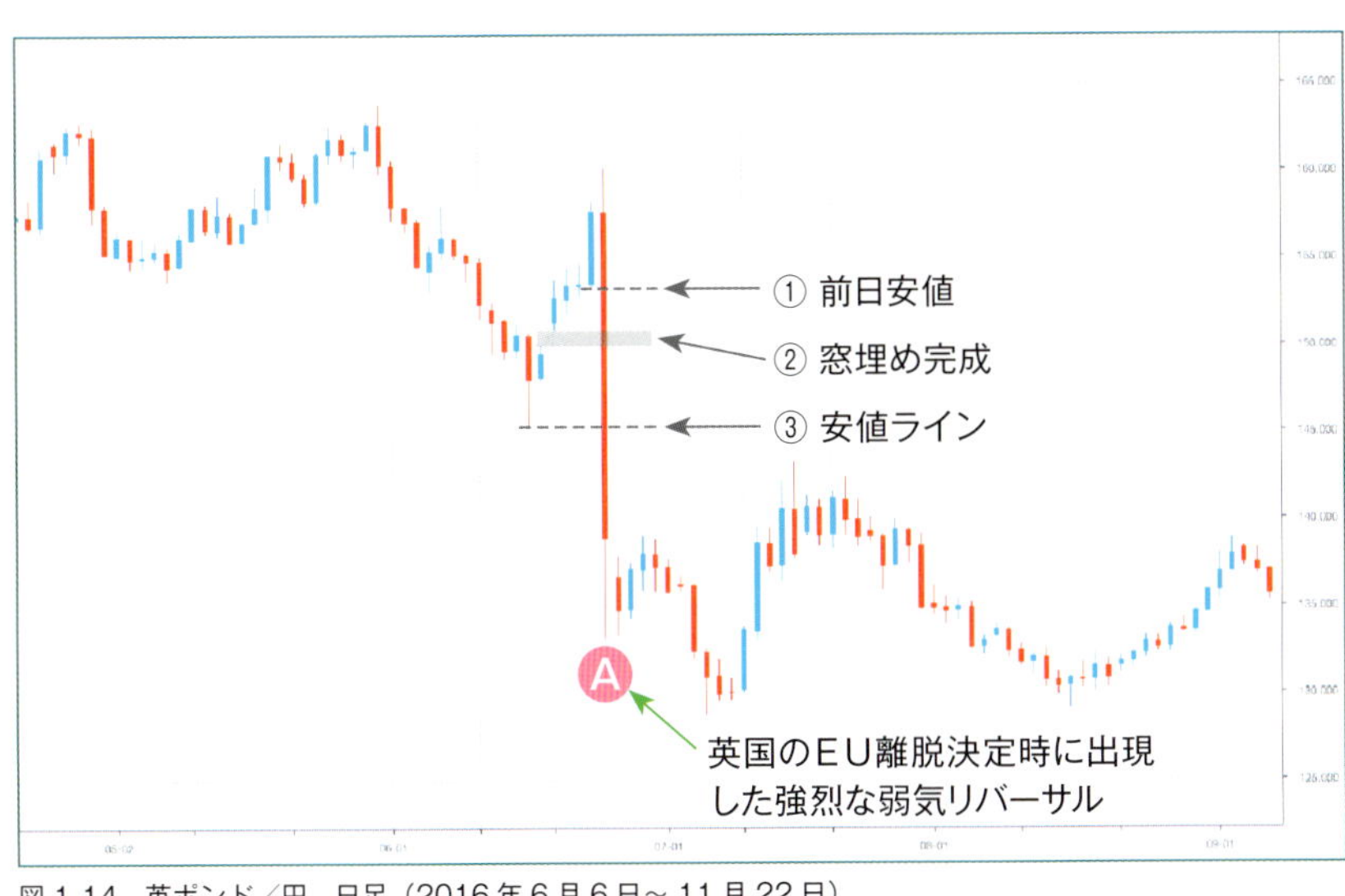

図 1-14　英ポンド／円　日足（2016 年６月６日～ 11 月 22 日）

めが完成した②の地点も追随売りのポイントといえました。

その後、数日前に出現した比較的長い下ヒゲのあるスパイクローの直近の安値も下回った③の地点は重要な支持帯をブレイクしたこと、また、この日の値動きが直近高値をブレイクしたかに見せて急落してフォールスブレイクアウトのサインが点灯。その後、③の地点で直近安値もブレイクしたことから、さらなる追加売りのチャンスといえました。

まさに歴史的といえる弱気リバーサルですが、その後はこのローソク足がランウェイダウンにもなり、前後の値動き水準を完全に分断して、下降トレンドが続いています。**大相場に直結するような強烈なローソク足はその後の値動きにも大きな影響を与えます。弱気リバーサルＡの下ヒゲ安値や上ヒゲ高値のラインは今後も強力な抵抗帯や支持帯になりやすいという視点を持ち続けることが大切です。**

天井圏で出るアウトサイドはトレンド転換の前兆

アウトサイドの成立条件は、前日のローソク足の高値から安値までを、当日のローソク足が包み込むもので、日本の罫線分析では「抱き足」「包み足」と呼ばれます。

前日のローソク足を当日のローソク足がすべてカバーしているということは、前日の値動きとは方向性が180度違う値動きが、前日以上の値幅で起こったことを示します。その意味で、アウトサイドはリバーサルのサインと重複しやすいのはすでに見た通りです。

図1－15はユーロ／ドルの日足チャートですが、上ヒゲの長い**ピンバーA**が登場したあと、**大陰線B**がアウトサイドかつ弱気リバーサルとなり、天井打ちシグナルになっています。このローソク足Bは、ピンバーAの高値ラインを一瞬、上ヒゲで越えたものの、その後、大幅下落していることからフォールスブレイクアウトにもなっており、強い下落シグナルになりました。

一方、**図1－16**の豪ドル／円はダブルトップの形で上昇トレンドが天井を打っています。二番天井を形成したゾーンを見ると、小陽線↓中陰線↓大陽線と前日のローソク足を包み込むような値動きが立て続けに起こったあと、最後に3日前からのすべての値動きを包むような**アウトサイドの大陰線C**が出現して、下降トレンド入りを示唆していました。**天井圏、大底圏に出たアウトサイドはトレンド転換の前兆になりやすいので注意深く観察すべきなのです。**

図１－15　ユーロ／ドル　日足（2017年12月27日～2018年５月１日）

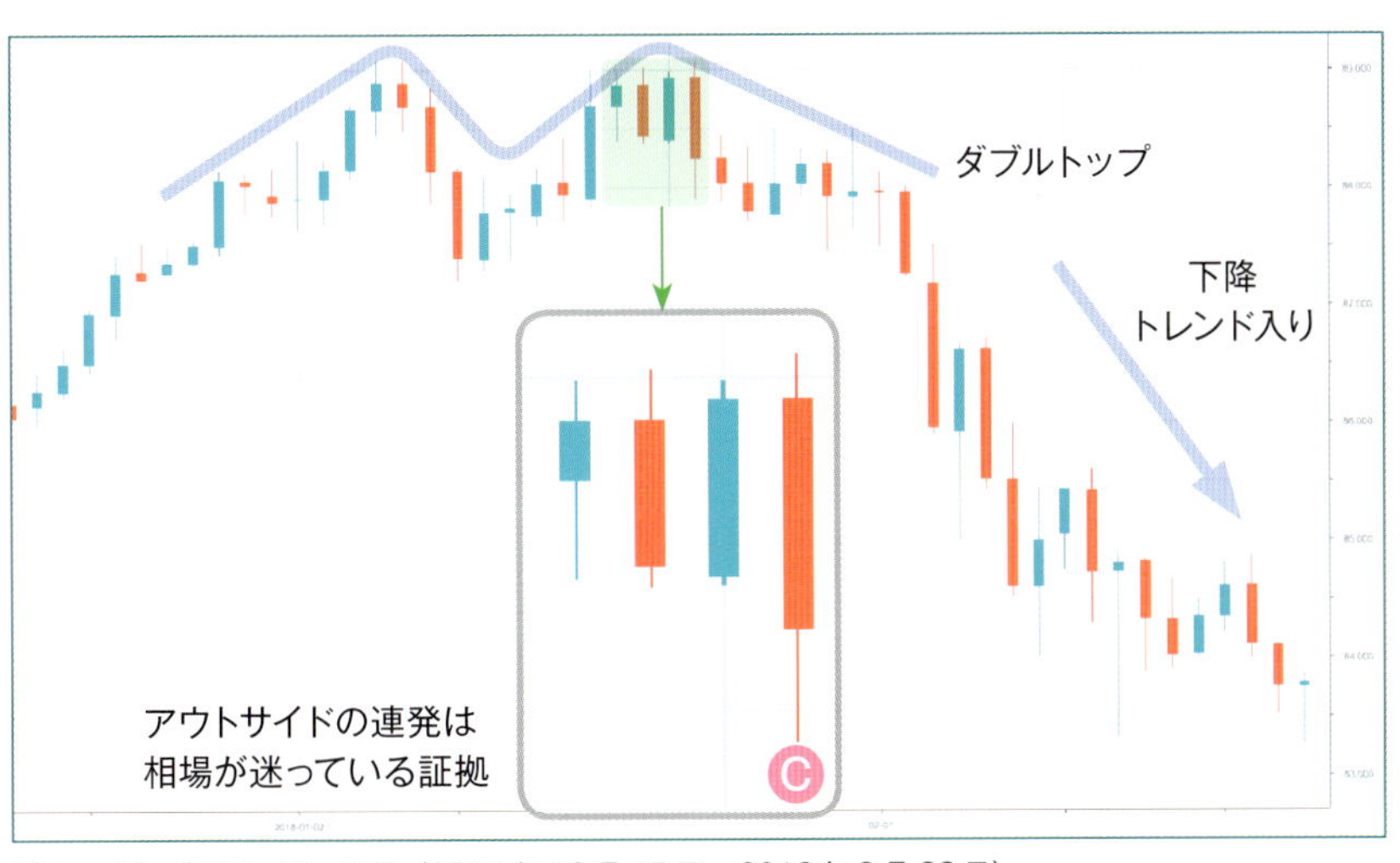

図１－16　豪ドル／円　日足（2017年12月15日～2018年２月23日）

トレンド途中のインサイドはブレイク方向に注目

図1－17のドル／円は、下落トレンドの大底圏にアウトサイドが出現して底打ちシグナルとなり、トレンド転換につながったケースです。

下降トレンドが継続している局面では、レジスタンスラインとサポートラインに挟まれたウェッジ（くさび）型の下落が続きました。しかし、大陽線**A**が出現してレジスタンスラインを上放れしたことで、上昇再開を示す「下落ウェッジ」が完成。しかも、その重要なチャートパターンを完成させたローソク足Aは、前日の上ヒゲの長いコマ型の陰線に対してアウトサイドになっており、二重の意味で底打ち反転シグナルが点灯しています。

その後、アウトサイドAが出現したあとにAに内包されるように、小陰線3本、陽線2本、合計5本のローソク足が出現。これらはすべてローソク足Aに対してインサイドの形になっています。

インサイドは、大陽線や大陰線の出現後、翌日以降の値動きがその値幅の内部に収まる形です。最初に大きな値動きが起こったあと、それを修正するような小さな逆方向の値動きが発生しているので、アウトサイドに比べると弱い形ですが、トレンド相場の最中に出た場合はスピード調整のシグナルになりやすいのが特徴です。

図1－17でも、下落ウェッジの上放れに成功した**アウトサイドA**の揺り戻しのような形で、3本の

図１－17　ドル／円　日足（2017年12月18日～2018年4月24日）

小陰線がインサイドの形で出現。レジスタンスラインのブレイクに対して利益確定の売りが起こり、スピード調整の局面に入ったことを示唆しています。

しかし、その後、前日の小陰線を包み込むような**アウトサイドB**の陽線が出現。スピード調整を経て上昇の勢いが加速し、**陽線C**が最初の大陽線Aの母線高値を越えたことで本格的な上昇トレンド入りを果たしました。

インサイド出現後は、母線となるインサイドの前日のローソク足の高値・安値のどちらかをブレイクすると、ブレイクした方向への勢いが強くなります。

図１－17の場合、ローソク足Aの母線高値を越えたことで、上昇トレンド回帰となりました。インサイドにしても、アウトサイドにしても、重要なのはその後、どちらの方向にブレイクが起こるか。そのブレイクがダマシに終わることなく、トレンドの発生を確かめたうえで、売買を行うのが基本原則です。

天井、大底圏で頻出するフォールスブレイクアウト

市場参加者が最も意識するのは、過去の高値や安値です。過去の高値はロング筋が攻め込んで撤退を強いられた地点、安値はショート筋の勢いが失速して敗走を迫られた地点になります。

その高値や安値のブレイクがダマシに終わり、反対方向への勢いが逆に加速するシグナルが、「フォールスブレイクアウト」です。

過去の高値はロング筋の買い、安値はショート筋の売りの利益確定地点になりやすいものですが、日本の投資格言にも「鬼より怖い一文新値」という言葉があるように、いったん目標を達成してしまうと、達成感や行き過ぎ警戒感、ブレイクが失敗に終わる恐怖感や失望感などから、フォールスブレイクアウトが起こりやすくなります。

図1-18はドル/円の日足チャートですが、高値に対してA、Bが二度にわたってフォールスブレイクアウトとなり、A、Bとも**高値ライン**を越える上ヒゲを残しながら、その後は下落方向の流れが加速する展開になっています。

一方、安値のほうを見ても、画面左下では**安値ライン**を、**陰線**Cの下ヒゲがいったん割り込んだものの、結局、それがダマシに終わり反転上昇に転じており、フォールスブレイクアウトのシグナルを発しています。

図１－18　ドル／円　日足（2017年4月28日～2017年11月27日）

何度も言うように、ダマシは間違いではなく、一方の勢力が攻撃に出たものの失敗に終わって逃げ去ることで起こります。いったん攻勢に出ていた分、反撃を食らって撤退を強いられるダメージは大きく、それが反対方向の値動きを加速させるフォールスブレイクアウトにつながっているのです。

安値更新がダマシに終わるのは、実際にはロング筋が盛り返したというよりは、ショート筋の一部が抜け駆けして利益確定に走ったことが一番大きな原因といえるでしょう。つまり、**ショート筋自体も決して一枚岩ではなく、勢力内部で裏切りや寝返りが起こるのが、ダマシの本質なのです。特に、過去の最高値や最安値は、高値づかみ、安値売りで大きな損失を抱えかねない「最前線」といってよく、脱落者が出やすいポイントになります。値動きの裏にこうした投資家心理を読むのがプライスアクション。**ダマシも含めて、値動きにウソはありません。

プライスアクションの真骨頂・フェイクセットアップ

相場の天井圏・大底圏で出るダマシがフォールスブレイクアウトとするなら、レンジ相場のブレイクがダマシに終わったあと、逆方向の値動きが加速するのがフェイクセットアップです。

図1−19はユーロ/円の日足チャートですが、上昇↓もみ合い↓再上昇といった踊り場形成型の上昇トレンドが続いています。踊り場状のもみ合い相場を脱する前には、**支持帯**をブレイクして下落したものの、結局、そのブレイクがダマシとなった**フェイクセットアップのローソク足**Aが出現して、その後、反転上昇が数日間にわたって続いています。

図1−20はトランプ大統領就任で異常に長い上ヒゲ**陰線**Bが出現したユーロ/ドルの日足チャートですが、Bのローソク足はアウトサイドや弱気リバーサルなどにフェイクセットアップが重なった複合シグナルです。その後、C、**Dのローソク足**でも高値更新がダマシに終わってフェイクセットアップのサインが点灯していますが、Dはそのサイン自体が再びダマシになり、その後、**ローソク足**Eがいったん下落と見せかけて上がる逆方向のフェイクセットアップとなり、上昇が加速しています。Dで上方向のダマシが起こって下方向の値動きが加速するかと思いきや、ローソク足Eの出現で下方向の動きもまたダマシとなり、結局、ダマシのダマシで上昇方向の値動きが強まったケースです。

まさに相場はロング筋・ショート筋のダマし合い。単純なダマシ以上に強いシグナルです。

図１－19　ユーロ／円　日足（2017 年４月 13 日～９月 20 日）

図１－20　ユーロ／ドル　日足（2016 年 10 月 20 日～ 2017 年１月 23 日）

トランプ相場の初めに出たローソク足とは？

プラスアクションでは一つのローソク足に複数のサインが点灯することも多く、そうした複合シグナルほど強いサインになります。たとえば、フェイクセットアップでいったんレンジ相場の下限を割り込んだものの、前日の高値を越えて引けたローソク足は強気リバーサルかつアウトサイドにもなり、より強い反転上昇シグナルになります。

そこで本書の冒頭で見た、トランプ氏が米国大統領に選出された２０１６年11月９日に出現し、為替相場を震撼させたローソク足を再び検証してみることにしましょう。

本書の冒頭でも見たように、**図1－21**に再掲示した、この**ローソク足A**は非常に多義的な意味を持った、実に興味深い値動きになっており、この１日の値動きだけでたくさんのサインが同時に点灯しています。それを並べると、

- **●前日を含め、過去の高値を越えた終値で引けているのでスラストアップ**
- **●過去5日の最高値より高値が高く、その後、5日間の最安値より安値が低いのでランウェイアップ**
- **●下ヒゲが異常に長く、安値圏からの反発力が尋常でないほど強いスパイクロー**
- **●前日だけでなくおよそ1カ月前の安値を割り込んだあと、急速に切り返して過去の高値を越える終値で引けているので強気リバーサル**

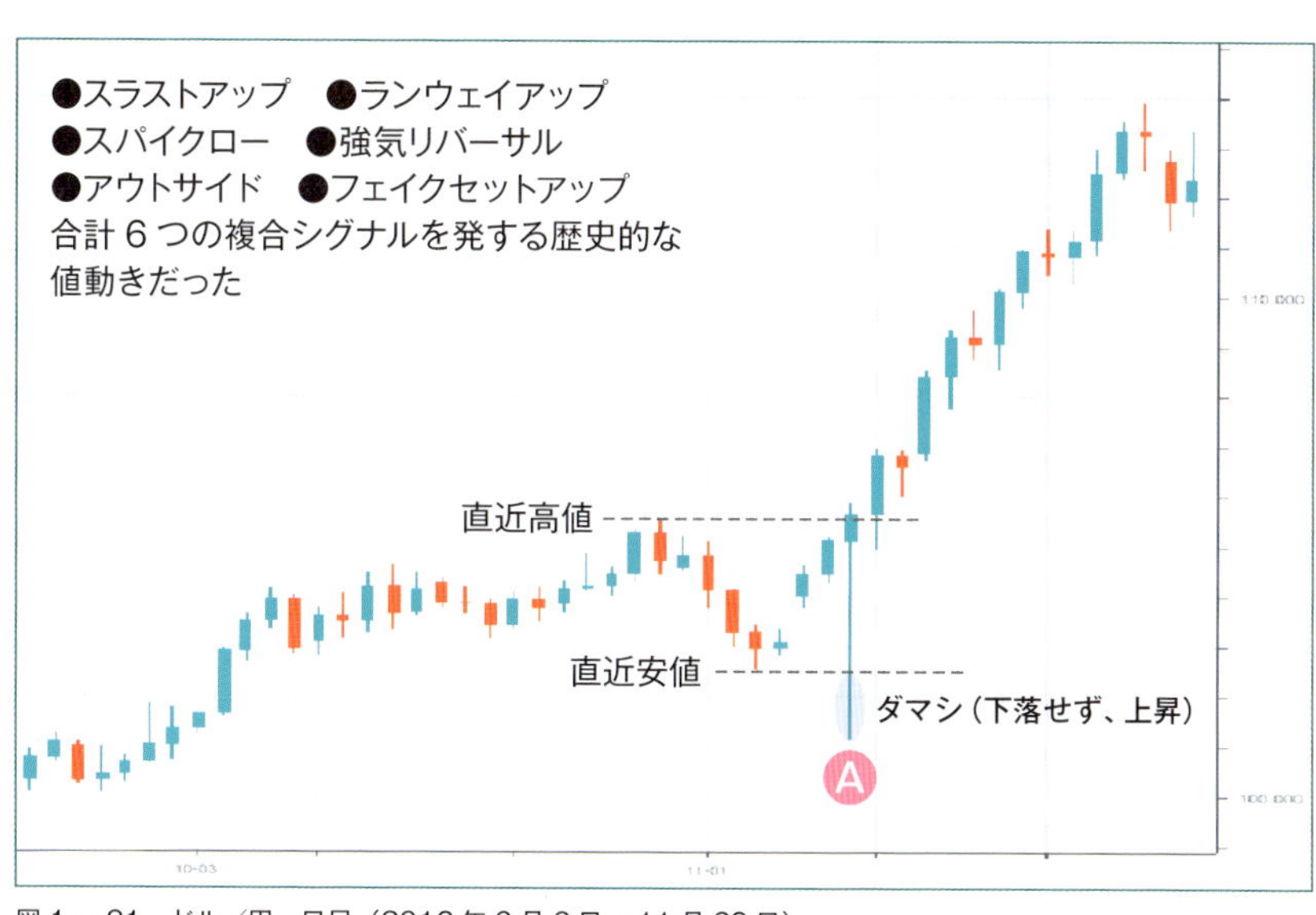

図１－21　ドル／円　日足（2016年６月６日～11月29日）

●過去約１カ月以内のローソク足すべてがこのローソク足の中に納まっているのでアウトサイド
●過去の安値ラインをいったん下回ったあと、過去の高値を越えて上昇しているので、この１本のローソク足だけでフェイクセットアップが完成

この中でも一番強いシグナルはフェイクセットアップです。直近安値をブレイクして見事なダマシとなった下ヒゲでは、あの著名投資家ジョージ・ソロス氏がトランプ相場でカラ売りを敢行して巨額の損失をこうむったという逸話が残されているように、ショート筋が我が世の春と勢いづいて、巨額の売りポジションを立てたことがうかがえます。しかし、その日のうちに相場は大逆転。彼らショート筋が脱兎のごとく損切り決済に走り、一部の勢力はドテン買いに向かい、新規参入したロング筋が一気に買い進んだことで歴史的なフェイクセットアップが完成しました。

前ページの**ローソク足**Aのような切り返しが起こったあとは、翌日以降、もみ合う展開になりがちですが、翌日も大陽線が続き、ショート筋の損切りが1日では終わらなかったことがわかります。さらに新規ロング筋の買いエントリーによって、まさに「買いが買いを呼ぶ」一直線の急騰劇が2カ月近くにわたって続くことになりました。

私には40年近くＦＸトレードを続けてきた米国在住の大先輩がいますが、彼をしても「これまで40年間のトレード人生で一度も見たことがない値動きだった」というため息がもれるほど、トランプ相場の発端となったローソク足Ａは劇的なものだったのです。

むろん、トランプ相場のような歴史的な大相場のみならず、フェイクセットアップは日常的なレンジ相場やトレンド相場にも頻繁に登場する強力な反転シグナルです。「ダマシこそ最高のシグナル」がモットーのプライスアクションの中でも活用度が高く、汎用性の高いシグナルといえます。テクニカル指標がダマシに終わると、「こんな分析法は使い物にならない」と捨て去る人も多いですが、それは間違いです。ダマされるたびに怒ったり自暴自棄になったり、投げやりになっていてはＦＸトレードで勝つことなどできません。**「ダマシこそ最大のシグナル」**という教えこそ、柔軟に冷静に高確率で現状を把握するために必要なスタンスなのです。当然、実戦ではＰ83下段のユーロ／ドルの値動きで見たような、フェイクセットアップ自体がダマシで、そのダマシのダマシである新たなフェイクセットアップにつながる、といった複雑な展開も登場します。だからこそ、**ダマシにも驚かず、その次の展開に素早く対応できるプライスアクションの教えが大切**になってくるのです。

第2章

プライスアクションを
より輝かせる最強テクニカル
GMMAの見方、使い方

プライスアクション＋トレンド系指標の運用方法

どんなテクニカル分析も100％ではありません。「完璧」はない以上、私たちFXトレーダーにできることは、一つではなく、複数のテクニカル指標を組み合わせて、現状把握の精度を上げる方法を探ることです。

お互いの長所を伸ばし、短所を消す組み合わせ方については自分との相性やトレード成績、分析法の違いなどを考慮する必要があります。私が実戦でいつも使っている組み合わせは、

●プライスアクション

●GMMA（複合型移動平均線）

の2つです。そのほか、値動きの支持帯・抵抗帯になりやすい一目均衡表の雲やチャート下段にオシレーター系指標のRSIも表示して、為替レートの過熱感や行き過ぎを判断します。

ただし、基本はトレンド系指標のGMMAで現状の値動きのトレンド＝方向性を確かめたあと、そのトレンドが加速したり継続したりする瞬間をプライスアクションのシグナルで確認してエントリーすべきか判断します。逆に、GMMAの示すトレンドと逆方向に向かうプライスアクションのシグナルが出たら、トレンド転換を疑います。そこで、この章ではGMMAとは何か、私が頻繁に利用する売買サインはどんなものかについて紹介していきます。

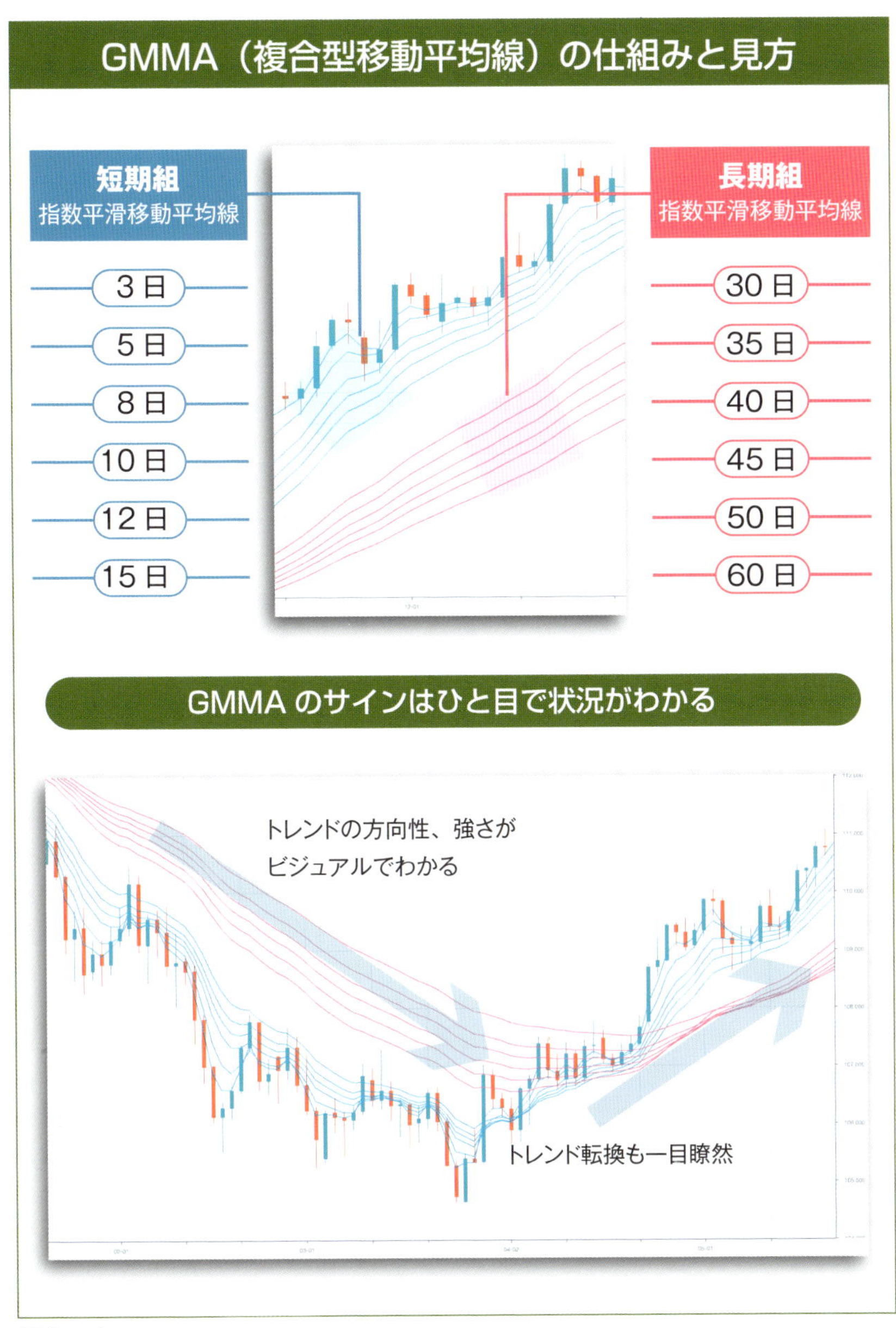
GMMA（複合型移動平均線）の仕組みと見方
短期組
指数平滑移動平均線
3日
5日
8日
10日
12日
15日
長期組
指数平滑移動平均線
30日
35日
40日
45日
50日
60日
GMMAのサインはひと目で状況がわかる
トレンドの方向性、強さが
ビジュアルでわかる
トレンド転換も一目瞭然

図２－１

GMMAの作り方とは？

GMMAは「複合型移動平均線」という別名でもわかるように、全部で12本もの移動平均線を表示して値動きのトレンドを把握するテクニカル指標です。

GMMAで使用する移動平均線は、当日の終値に2倍の比重をかけて直近の値動きに素早く反応するようにした指数平滑移動平均線（EMA）を使うのが一般的です。

12本の移動平均線は終値の平均期間が3日、5日、8日、10日、12日、15日の短期線6本、30日、35日、40日、45日、50日、60日の長期線6本で構成されています。

前ページの**図2-1**にもあるように短期線は水色、長期線はピンクというように、6本ずつ色分けして表示します。この2色の移動平均線の束で値動きの長期トレンドと短期トレンドが一瞬にしてビジュアルとしてわかるのが、GMMAの特徴です。単独の移動平均線だと、傾きや為替レートとの位置関係でしかトレンドを判断できません。それに対してGMMAなら傾き、為替レート・短期組・長期組の位置関係のほかに、長期組6本の束の厚みや、短期組・長期組の6本の線の並びの変化などからもトレンドの強弱や加速・継続・転換を判断できる点が魅力です。

GMMAの見方の基本は、3〜15日の6本のEMAを束にした短期組と、30〜60日の6本のEMAを束にした長期組を見比べることです。GMMAの短期組、長期組はそれぞれ、為替市場を代表する

2種類のメインプレイヤーを象徴しています。

短期組が示している勢力は、短期的な値動きをとらえて儲ける投機家で、インターバンク市場において頻繁に短期売買を行う為替ディーラーなどが、その勢力を代表しています。

彼らはトレンドの加速に乗じたり、行き過ぎを叩いたりと投機的な売買を繰り返します。ちょっとした値動きをとらえて「今日上がる」と買いで勝負し、思惑がハズれると「やっぱり買いじゃなく売り」というように売買判断をドテンさせることも多いです。

一つのポジションを長期間保有することはあまりなく、非常に小さな値幅を利益に変えていき、売ったり買ったりを繰り返しています。売買の方向性に一定したトレンドはなく、すぐに反対売買して決済するので、マーケットに対するインパクトもそんなに大きくありません。

長期組が示している勢力は、より長期的な視野で為替取引を行うファンドや実需筋、さらにはファンダメンタルズから導き出された複雑な数値モデルを駆使して比較的長期間の投資を行うヘッジファンドなどになります。彼らは長期的な視野のもとに為替市場に巨額の資金を投入していきます。その資金が為替レートの大きな方向性＝トレンドを生む原動力といっても過言ではないでしょう。

そして、短期組と長期組が時には激しくぶつかり合い、時には手に手を添えて動くことで、ＦＸのトレンドが作り上げられていきます。

ＧＭＭＡは、この短期組と長期組という2つの勢力をビジュアル化することで、為替相場を動かす投資家（もしくは投機家）の顔を想像することができる指標といえるのです。

短期組＝鰯（イワシ）、長期組＝鯨（クジラ）のアナロジーで考える

私は、２大勢力のうち、短期組を「鰯（イワシ）」、長期組を「鯨（クジラ）」という比喩で表現しています。

そのほうが初心者の方にもわかりやすいですし、実際に為替市場を動かす２大勢力の力関係は「鰯と鯨」という対比とぴったりの動きをするので、すんなり頭に入ると思います。

では、鰯＝短期的な投機家、鯨＝長期的な投資家のどちらが強いかというと、当然ですが、より巨額な資金を長期的に投じる長期組になります。

実際の為替市場でもメイントレンドの方向性を決めるのは、鯨の長期にわたる持続的な買いや売りであり、動きはゆるやかですが、力強く巨大潮流（トレンド）を為替相場の海原に形成していきます。

対して、短期組の鰯を代表しているのがインターバンク市場で24時間休みなく、日計りの短期売買を行う銀行ディーラーたちです。彼らの取引の特徴は逃げ足の早い回転売買で、鯨が作るトレンドの周囲を素早く動き回る様子はまさに鰯の群れをイメージさせます。

日本の個人投資家も短期組の鰯に属しているといってもいいでしょう。メイントレンドはあくまで鯨ですが、鯨のエサは鰯の群れです。鯨がエサである鰯の群れを追って巨体を動かすように、短期組の鰯は長期組の鯨の先導役を果たしており、時には短期組の値動きを追いかけるように長期組の鯨が

図２－２

動くこともあります。

短期組の鰯は長期組の鯨の動きを先回りしたり出し抜いたりしようとしますが、結局は圧倒的な強者である長期組の動きに翻弄、かく乱されてしまう構図に変わりはありません。

図２－２のように、鯨から逃げようと鰯が離れたり、逆に鯨の包囲網を突破しようと接近を試みることで、両者の距離は広がったり縮まったりします。

鯨に接近した鰯はほとんど、鯨の分厚い壁を破ることができず、また反対方向に押し戻されます。しかし、時には、鯨の包囲網を突破して反対側に抜け出すことに成功し、そうなると、鯨もまた鰯を追って重い巨体を大転換させるのです。

このように「海原を泳ぐ鯨と鰯の群れ」というアナロジーを使って分析するのが、私が考えたGMMA分析の基本になります。

鰯と鯨の関係でトレンドの方向性や強さを見極める方法

ＧＭＭＡを見てトレンド分析をする際は、短期・長期ＧＭＭＡの傾きや方向性などに注目します。その注目ポイントを整理すると以下のような点になります。

①傾き・方向性……ＧＭＭＡでは移動平均線同様、まず傾き具合を見ることでトレンドの方向性を探ります。ＧＭＭＡのストリームが右肩上がりなら上昇トレンド、右肩下がりなら下降トレンド、横ばいならトレンドなしと判断します。特に注意すべきなのはメイントレンドである長期組の傾きです。

②序列……傾きの次は6本ずつ束になった短期組、長期組の移動平均線（ＥＭＡ）の並びに注目しましょう。移動平均線はその計算上、短期間の平均線のほうが実際の為替レートの値動きにいち早く反応して追いかけるように動きます。そのため、上昇トレンドのとき、短期組は上から「3↓5↓8↓10↓12↓15」、長期組は「30↓35↓40↓45↓50↓60」の順で並び、下降トレンドのときはその反対の序列になります。短期組や長期組の内部で、6本の移動平均線の序列が乱れるのはトレンド転換や乱高下相場のシグナルになります。

また、6本1組で見た短期組、長期組、さらに為替レートの位置関係も大切です。上昇トレンドでは上から「為替レート＞短期ＧＭＭＡ＞長期ＧＭＭＡ」、下降トレンドでは「長期ＧＭＭＡ＞短期ＧＭＭＡ＞為替レート」という位置関係になります。

GMMAで見極める傾きと方向性

③間隔（収束・拡散）……６本のＥＭＡの束が拡散して、幅が拡大しているのは、これまで続いてきたトレンドの勢いが強まっていることを示します。

反対に幅が収束していくのはトレンドが弱まった証拠で、さらに弱まると序列が崩れて６本のＥＭＡ内部でクロスが起こります。

ここでも重要なのは長期組の拡散・収束・安定です。長期組の拡散は一方向のトレンドがどんどん強くなっていくことを表わしています。

また、組の内部の６本の移動平均線の間隔だけでなく、６本を全体として見たときの、短期組と長

GMMAで見極めるトレンド転換（序列の変化）

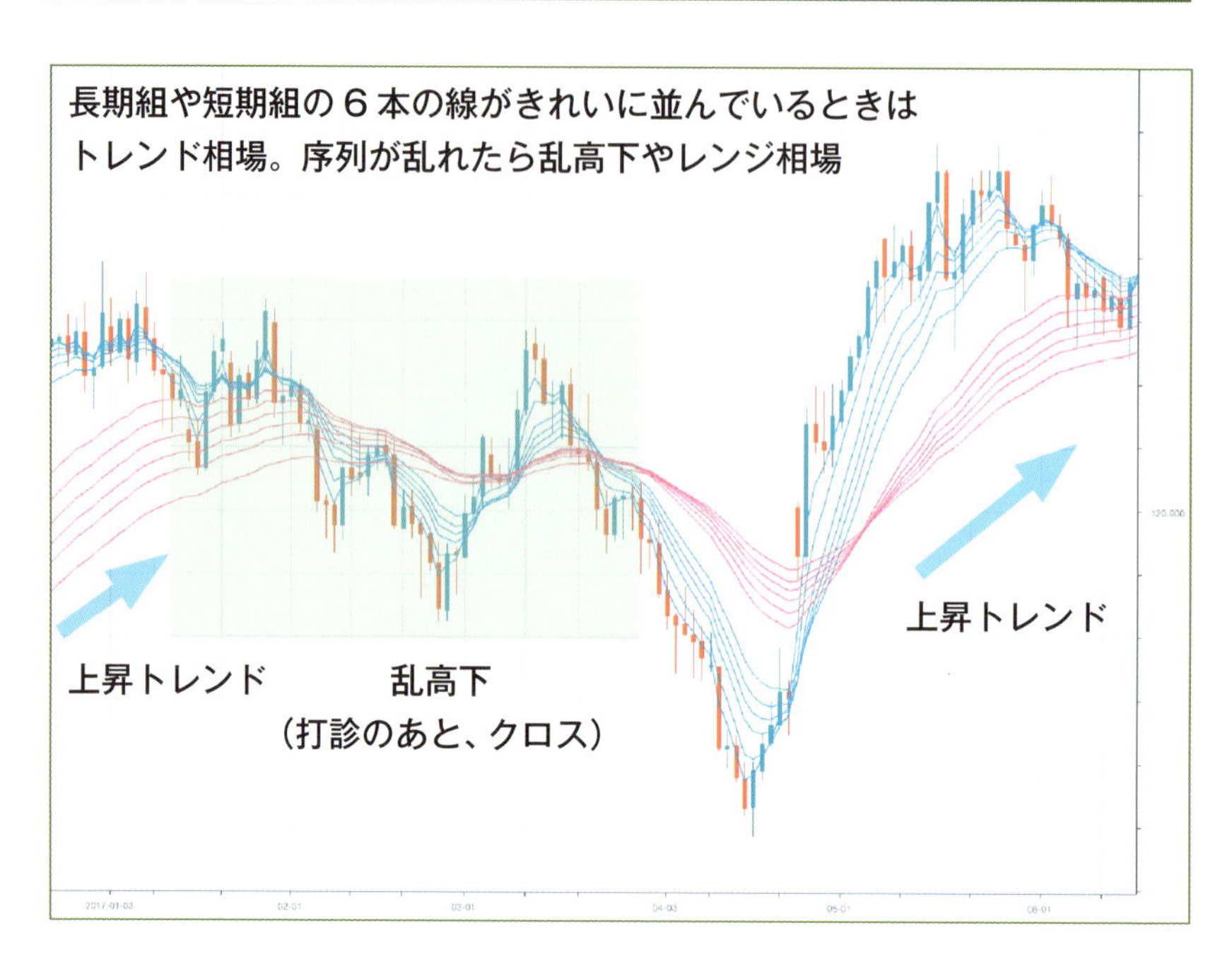

期組の距離も重要です。

両者がかい離するときはトレンドが加速しており、両者が接近するときはトレンドが失速している、と考えます。

④打診・クロス……短期組が長期組に接近していくと、やがて両者が接触します。本書ではこれを「打診」と呼びます。

短期組が長期組に打診する局面は、鯨と鰯のアナロジーで言うなら、鯨に向かって鰯が近づいていき、その包囲網を突破して反対側に突き抜けようとする状況です。それは、今後、トレンド転換が起こるか、それとも起こらないかという局面になります。

GMMAで見極めるトレンドの強弱

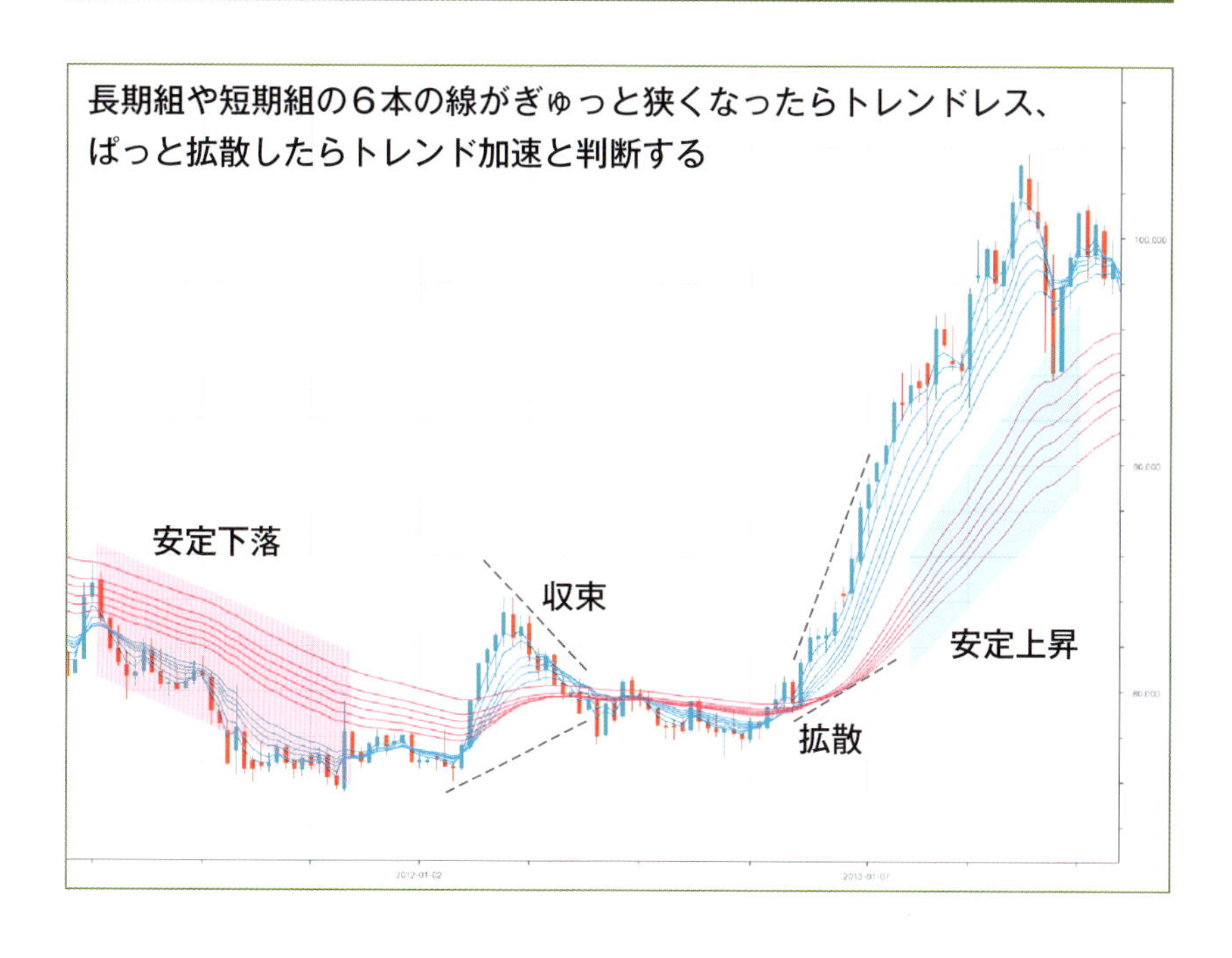

逆に鯨の分厚い包囲網に鰯の群れが一網打尽にされて、また反対方向にかい離しはじめたら、トレンド転換は失敗に終わり、元のトレンドが復活することになります。

⑤為替レートとGMMA……GMMAは長期組、短期組という２つの流れの関係性を売買チャンスにしていきますが、為替レートとGMMAの位置関係も見ておく必要があります。

特にプライスアクションと併用する際は、GMMAの長期組、短期組にぶつかったローソク足がそこでどんなサインを発するのかが、現在の値動きの勢いや今後の値動きの方向性を占う意味でも、非常

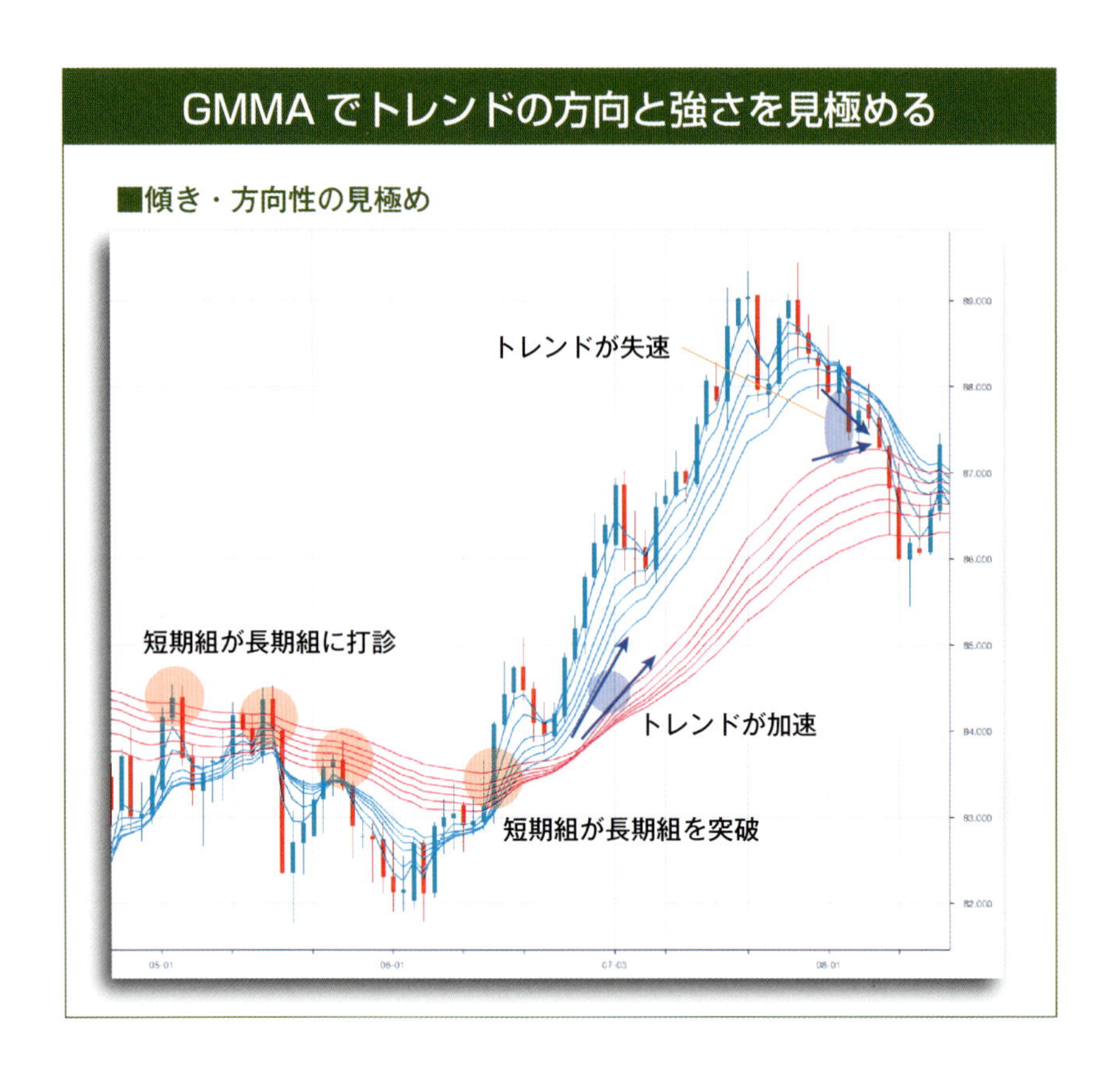

に重要になります。

ＧＭＭＡとプライスアクションが示すシグナルが同じ方向を指しているか、それとも反対方向を示しているかもチェックします。

※

次ページ以降に、私の考案した、鯨と鰯のアナロジーを使った売買シグナルを紹介します。プライスアクション＆ＧＭＭＡを組み合わせた分析では「鰯喰い」、「トビウオ」、「キャシャロット」の3のシグナルが頻繁に出てきます。とても便利なシグナルなのでぜひ覚えておいてください。

押し目買い・戻り売りシグナル・鰯喰い

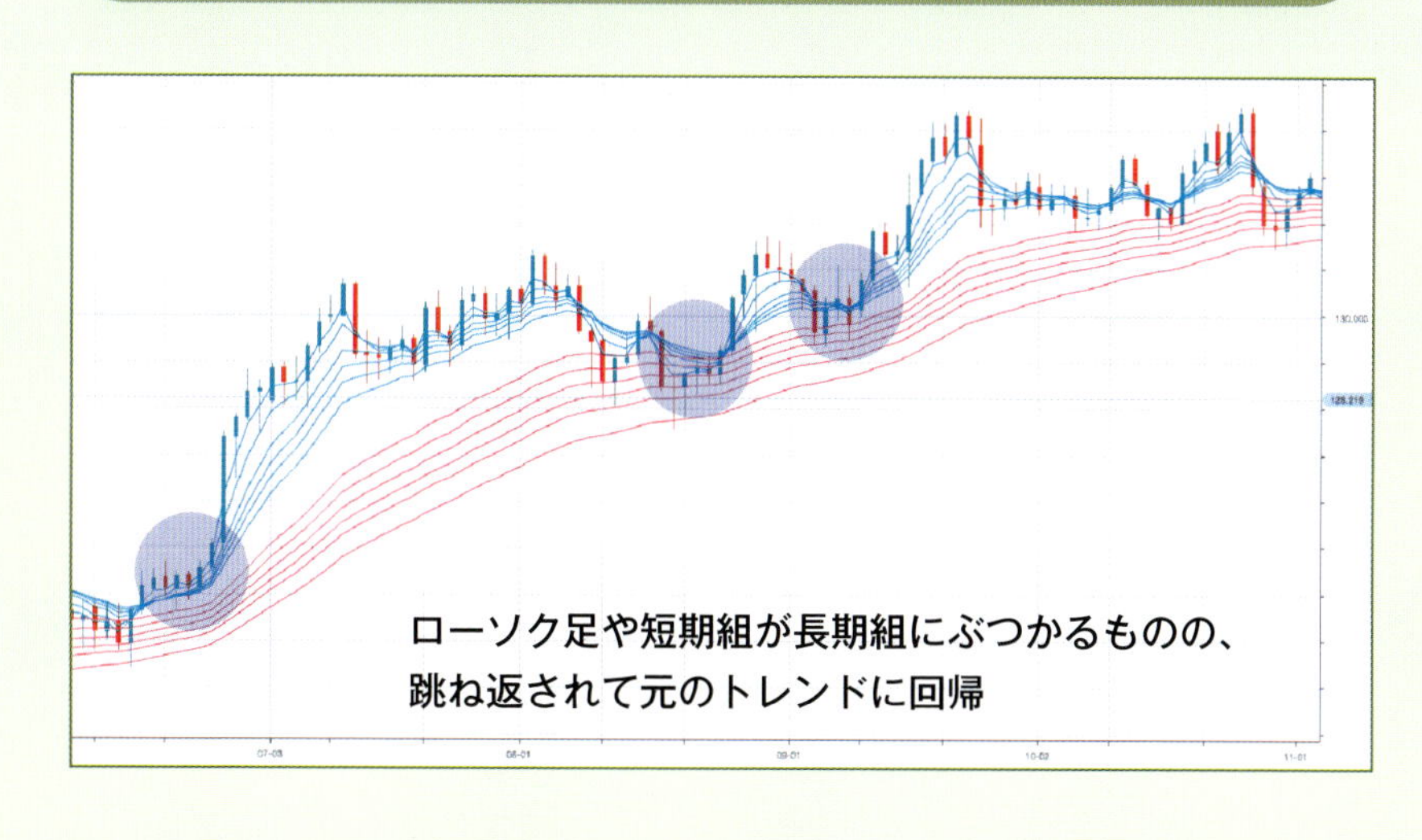

ＧＭＭＡは一目見るだけで、為替レートのトレンドがわかる指標です。ただ、トレンド相場といっても、永遠に上がり続けたり下がり続けることはなく、投資家の利益確定で相場が調整する場面が必ずあります。その後、再び、これまでと同じトレンド方向に回帰する動きをとらえるのが「鰯喰い」というＧＭＭＡシグナルです。

鰯喰いは、長期組の鯨を突破しようと向かっていった短期組の鰯が分厚い長期組の束に跳ね返され、一網打尽にされて、ふたたび元来た方向に一目散に逃げるような形を指します。トレンド相場が小休止したあと再加速する「押し目」「戻り」を的確に教えてくれるシグナルです。

短期組が長期組にぶつかったときに出現するプライスアクションのサインに注目すると、鰯喰いが完成するか、短期組が長期組を突き抜けてトレンド転換が起こるかをいち早く察知できます。

上昇トレンドへの転換・トビウオ

移動平均線のゴールデンクロスにあたるのが「トビウオ」です。短期組の鰯が長期組の鯨を下から上に突き抜けて、上昇トレンドに転換したことを示すシグナルになります。6本の短期組が6本の長期組を完全に突き抜けて完成するため、正確さは移動平均線のクロス以上です。

ただし、クロスしたと思ったら、また跳ね返されることもあって、「トビウオか鰯喰いか」を判断するには時間がかかります。その際、プライスアクションで値動きの勢いや方向性を観察すれば、どちらに傾くかをいち早く察知できます。

上昇トレンドへの転換が起きる際は、当然、プライスアクションのほうにも直近高値突破や安値切り上げといったシグナルが発生して、上昇に向かう値動きの勢いが強まります。そうした上昇シグナル点灯後に、トビウオが完成したら、トレンド転換はホンモノといった判断ができます。

下降トレンドへの転換・キャシャロット

移動平均線のデッドクロスにあたるのが「キャシャロット」です。キャシャロットは深海潜行が得意なマッコウクジラの英語名です。

上昇トレンドが終焉を遂げ、鯨の上を回遊していた鰯が鯨の束を突き抜けて、下に勢いよく潜ったところで下降トレンドへの転換シグナル発生となります。こちらも、鰯喰いに終わって上昇トレンドに回帰するか、それともキャシャロットが完成して下降トレンドに転換するかの判断には時間がかかります。トレンド転換のタイミングをいち早く察知して、その方向にエントリーできれば、非常に大きな利益になります。

そこで、プライスアクションを活用して、高値切り下げや安値ブレイクなど下落を示すシグナルの有無をチェックすると、「キャシャロットか、鰯喰いか」の判断を先回りして下すことができるようになります。

プライスアクション+GMMAの組み合わせで常勝

FXの値動きが発する言葉を読み取るための文法といえるプライスアクション。

そして、プロトレーダー（鯨）の動きをはじめ、FXという海原を流れるトレンドをビジュアル化したGMMA。

この2つの武器を使えば、FXの荒波を乗り切り、的確なトレンドフォローの取引を行うことで勝率アップ、収益向上を目指すことができると私は確信しています。


GMMAは、日々の値動きに翻弄されて短期的な目線に陥りがちな私たち投資家にFX相場の「大局観」「全体像」「俯瞰図」を提供してくれます。

対するプライスアクションは、一寸先は闇といえる値動きの最前線で実際の売買判断を下すうえで必要不可欠な「武器」であり、ロング筋とショート筋が織りなす「接近戦」や「肉弾戦」を読み解く鍵になります。大きなトレンドが発生する初動段階を見抜き、今後の方向性を決定づけるような重要な細部の値動きを探すための、貴重な先導役になります。

つまり、GMMAが教えてくれる大局観に基づき、プライスアクションが示唆する個別の値動きの真意を読み取ることで、勝率アップ、収益向上につなげることができるのです。たとえば、**図2-11**は豪ドル/ドルの日足チャートですが、画面の中央でGMMAの短期組が長期組を下から上に突き抜

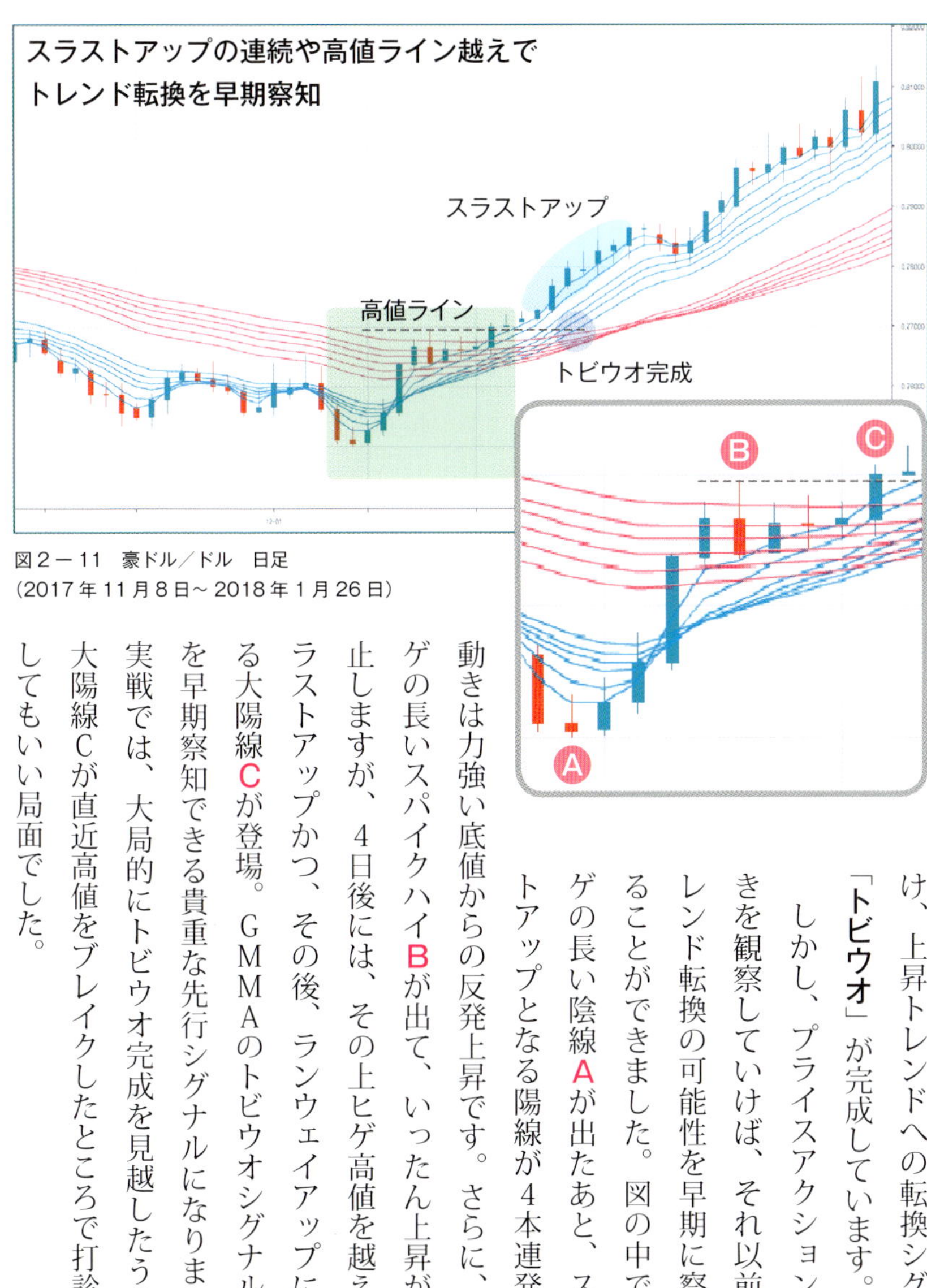

図2－11　豪ドル／ドル　日足
(2017年11月8日～2018年1月26日)

け、上昇トレンドへの転換シグナル「**トビウオ**」が完成しています。

しかし、プライスアクションの動きを観察していけば、それ以前にトレンド転換の可能性を早期に察知することができました。図の中で上ヒゲの長い陰線Aが出たあと、スラストアップとなる陽線が4本連発した動きは力強い底値からの反発上昇です。さらに、上ヒゲの長いスパイクハイBが出て、いったん上昇が小休止しますが、4日後には、その上ヒゲ高値を越えるスラストアップかつ、その後、ランウェイアップにもなる大陽線Cが登場。GMMAのトビウオシグナル完成を早期察知できる貴重な先行シグナルになりました。実戦では、大局的にトビウオ完成を見越したうえで、大陽線Cが直近高値をブレイクしたところで打診買いしてもいい局面でした。

一方、**下降トレンドが継続しているときに頻出するプライスアクションは、前日の安値を下回って終わるスラストダウンやランウェイダウンです。**

図2－12はユーロ／ドルの週足チャートですが、画面左でGMMAの短期組が長期組を割り込んで下落。下降トレンドへの転換シグナル「**キャシャロット**」が成立して、その後は短期組、長期組ともに6本の移動平均線の幅がぐんぐん拡大して、下降トレンドが一気に加速していることがわかります。

その過程では多数のスラストダウンが発生しています。

ランウェイダウンを過去5日間の最安値を下回る安値をつけたローソク足と定義すると、100％スラストダウンと重複しますが、図の中でもスラストダウンかつランウェイダウンでもあるローソク足が連続して出現して、強い下降の値動きになっています。

スラストダウンが連発する局面では、GMMAの短期組がいったん長期組にぶつかって跳ね返される戻り売りシグナル「鰯喰い」も発生しないほど、一直線の下落が続きました。

そういう場合の売買ポイントは、為替レートがいったんGMMAの短期組まで反転上昇したあとに下落するところをとらえたいもの。図ではユーロ／ドルがGMMA短期組に近づいたあと、インサイドの陰線Aが出現、その翌日、母線となる前々日のローソク足の安値ラインを割り込んだBの陰線は下落トレンドの再加速を狙った売りの好機でした。また直前の陽線に対してアウトサイドかつ弱気リバーサルかつスラストダウンでもあるCの陰線の登場は追撃売りに最適でした。

力強い下降トレンドが続いている間は、GMMA短期組を抵抗帯ととらえ、値動きがいったん短期

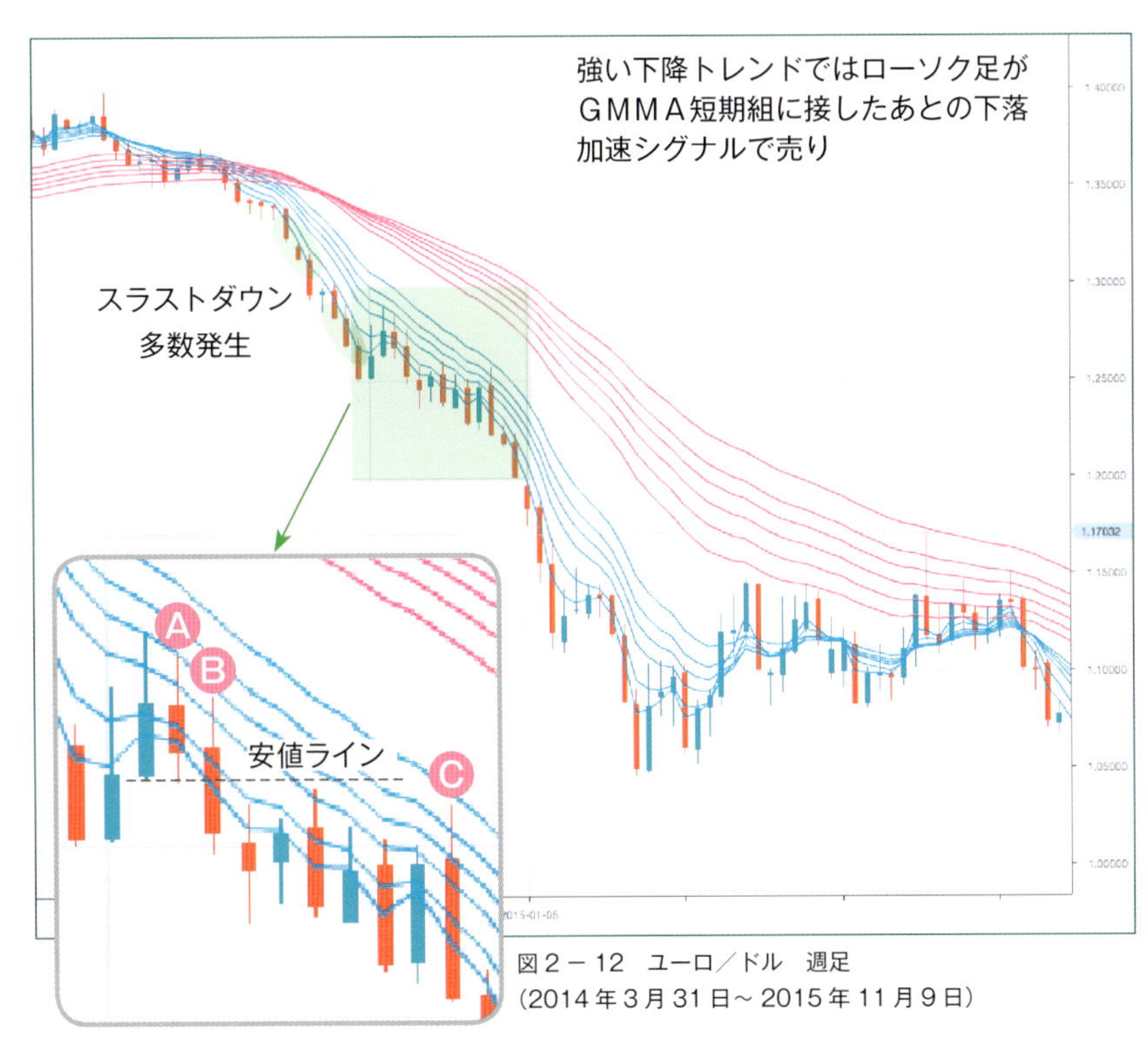

図２－12　ユーロ／ドル　週足
（2014年３月31日～2015年11月９日）

組まで戻ったあと、プライスアクションの下落シグナル点灯で戻り売りという戦略で売りを仕掛ければ、比較的容易に下落を利益に変えることが可能でした。

ＦＸの利益の多くは上昇にせよ、下降にせよ、こうした強いトレンド相場に便乗することから生まれます。その際、ＧＭＭＡでトレンドの強さと方向性を大局的にとらえながら、下落加速のシグナルをプライスアクションのサインで探していきます。２つのテクニカルの合わせ技を使えば、強いトレンドに置いてけぼりを食らうこともなく、着実にトレンドフォローできるチャンスを見つけることができるのです。

トレンド転換・トビウオの内部で起こる値動きに注目

図2-13は、2016年6月から12月にかけてのドル/円の日足チャートです。

トランプ大統領選出でドル/円は2017年年始に向けて一転、急騰相場に大転換しました。P84ではそのときの値動きをプライスアクションで詳しく解明しました。

しかし、GMMAの短期組と長期組の位置関係や幅を見ていれば、かなり以前から、大転換に備えた取引を行うことも可能でした。GMMAを組み合わせることで、プライスアクションの分析力はより鋭く、高精度なものになります。そこで、トランプ相場の値動きをGMMAのシグナルに沿って、もう一度、丹念に見ていくことにしましょう。

実際、トランプ大統領選出以前の9月には、短期組が長期組を突き抜けて上昇トレンドへの転換シグナル「トビウオ」が点灯。その後、GMMA長期組は「60∨50∨45∨40∨35∨30」というベアトレンドの並びが急速に収縮して1本の線のような状態になり、いつ何時、ブルトレンドの並びに転換してもおかしくない状態になっています。トビウオが起こった地点では、それまでの下降トレンドのレジスタンスラインと、切り上がった安値を結んだサポートラインによって囲まれた大型の三角保ち合い（トライアングル）の上放れも発生しています。

トランプ大統領が選出された当初は、「米国の保護主義台頭で世界経済は腰折れする」といった懸

図２－13　ドル／円　日足（2016年６月10日～12月８日）

念もありました。

　しかし、GMMAを見ていれば、トランプ大統領選出以前にすでにドル／円は上昇トレンドへ転換。その後、P84でも見たようにトランプ大統領選出当日に出現したローソク足Aの長い下ヒゲが直近安値を大きく下回りながら、歴史的な切り返しに成功したことで、フェイクセットアップかつ強気リバーサルという強い反転上昇シグナルを発信。このシグナルが読み取れていれば、その後の上昇トレンドは容易に判断できます。

　GMMAが示す大局観、プライスアクションが発する値動きの細部のシグナル、いずれをとってみても、ここは逆張りの売りではなく、超順張りの買いで勝負すべきポイントであったことは一目瞭然だったのです。

図2－14は2015年11月～2016年3月のドル／円の日足チャートです。

チャート上では、画面左の上昇トレンドの天井圏から、GMMA短期組が長期組の下にもぐり込んで下降トレンドへの転換シグナルである「キャシャロット」が完成しています。

最初の注目ポイントは陰線Aです。このローソク足はいったん長い上ヒゲをつけて過去の高値水準にトライしましたが失敗。結局、前日終値を大きく下回る弱気リバーサルの形になっています。翌日以降、Aのローソクがつけた安値をさらに下回って下落した地点は売りポイントになります。しかも、GMMAを見ると、ちょうど一本の線のように収縮した長期組を短期組の束が下に抜ける「キャシャロット」シグナルが発生しそうな状況です。つまり、プライスアクションとGMMA両方のシグナル点灯を見越して、ドル／円がローソク足の安値を下回った地点は下降トレンドへの転換を狙った新規売りの絶好のポイントになりました。

その後の値動きとして注目したいのは、B、Cのゾーンです。

まずは長期組を突き抜けるような大陽線Bが出現し、GMMAの短期組のみならず長期組も突き抜けるほどの急上昇となりました。このまま上昇してトビウオが起こるか、下降トレンド継続か判断が分かれるところですが、GMMA長期組は下向きで分厚い束のままなので下降トレンドの勢いが依然として強そうです。ただ売りエントリーするには、GMMAの短期組が長期組近辺まで上昇したものの跳ね返される「鰯喰い」シグナル点灯を待つ必要があります。

果して鰯食いシグナルは発生するかどうかを予知するうえで役立つのがプライスアクションを使っ

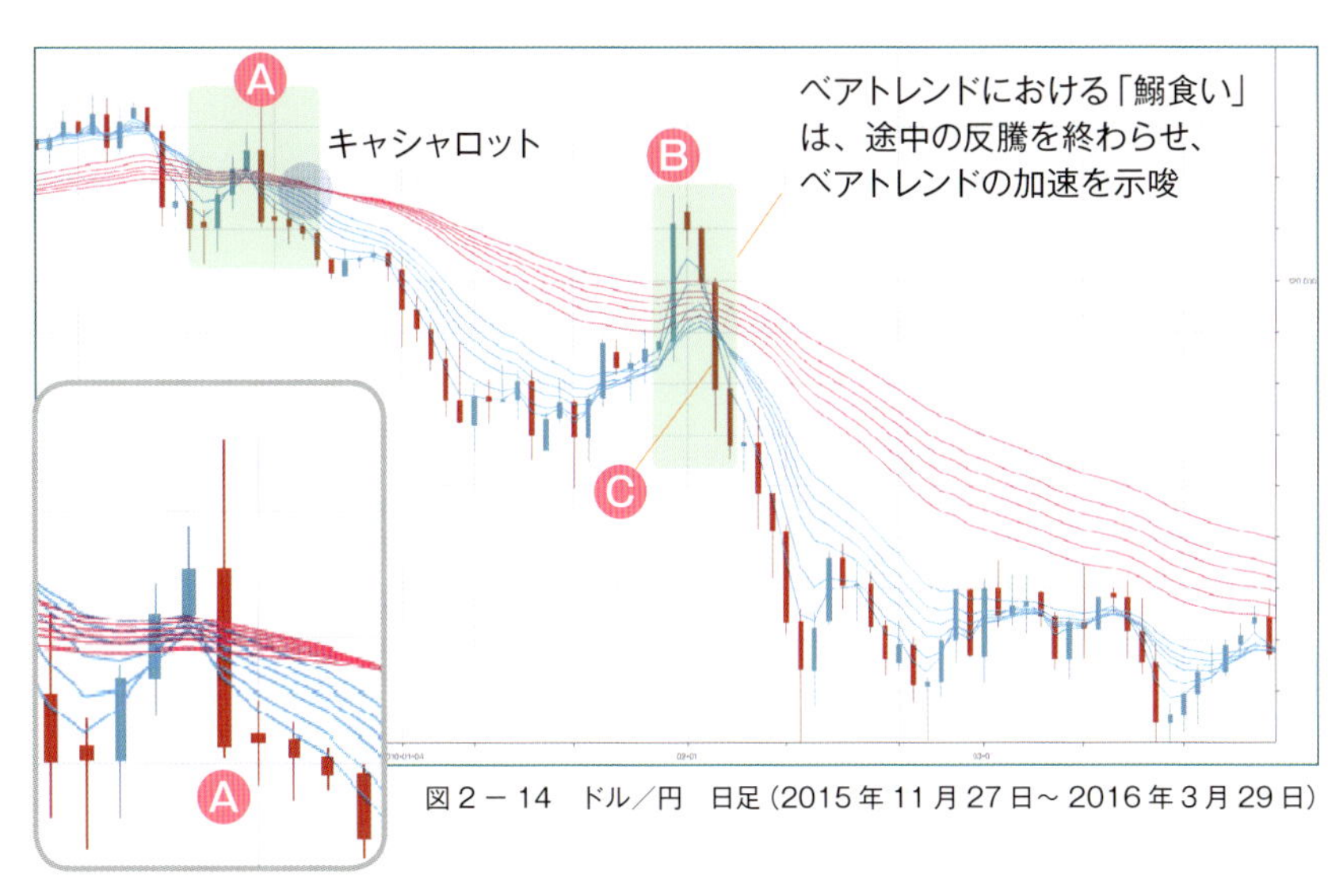

図２－14　ドル／円　日足（2015年11月27日～2016年3月29日）

た値動き分析。図では大陽線Bのあと、その内側に小陰線が出現してインサイドを形成。大陽線Bの安値をブレイクすれば下降トレンド継続と判断できました。

次に出た陰線、その次に出た陰線はともに前日安値を下回って終わっているのでスラストダウンです。さらに陰線Cは、大陽線Bの安値ラインを割り込んでおり、インサイドの母線安値をブレイク。明らかに下降トレンド再加速のシグナルになっています。

そのサイン点灯と同時に、GMMAも「鰯喰い」が完成。プライスアクション&GMMAでのシグナル同時点灯で下降トレンド継続が確信できました。

このようにGMMAのシグナルでは下降トレンド再加速はわかるものの、具体的にどこで売りエントリーすればいいか、曖昧な部分もあります。プライスアクションを併用すれば、大陽線Bの安値ラインをブレイクした地点こそ、戻り売りすべきポイントと具体的なエントリースポットを想定できる点が役立ちます。

プライスアクション＋ＧＭＭＡの組み合わせの基本

ＧＭＭＡが示すトレンドを確認したうえで、プライスアクションで、それと同じ方向性のサインが出たら取引する、というのが両者を組み合わせて実戦売買するときの段取りになります。ＧＭＭＡの示すトレンドは上か下かいずれかですが、

●上方向のトレンドが確認できたら、プライスアクションにおける上方向のシグナルである「ピンバー（下ヒゲ）」「スパイクロー」「スラストアップ」「ランウェイアップ」「強気リバーサル」「アウトサイド・インサイドの母線高値ブレイク」などに注目します。さらに反対方向のシグナルがダマシに終わったときはより強い上向きシグナル点灯と考えます。たとえば「スパイクハイ」で天井打ちかと思ったら翌日、その上ヒゲ高値を越えて上がった場合などがそれに当たります。

●逆に下方向のトレンドが確認できたら、プライスアクションの下方向のシグナルである「ピンバー（上ヒゲ）」「スパイクハイ」「スラストダウン」「ランウェイダウン」「弱気リバーサル」「アウトサイド・インサイドの母線安値ブレイク」などに注目します。こちらも、上方向を示すプライスアクションのサインがダマシに終わったときも売りシグナル点灯です。

ただし、プライスアクションでは前後の値動きの「文脈」が非常に大切です。実戦的な組み合わせ運用の方法を次の章で、より深く、細部にわたって見ていきます。

第3章

プライスアクション＋ＧＭＭＡを使った実戦売買

プライスアクション＋GMMAの実戦活用の極意

プライスアクション＋GMMAトレーダーとしての免許皆伝まであと一歩というところまで来ました。ここまでを振り返ると、トレードの手順としては最初にGMMAを使って相場を俯瞰的に見る。現在が上昇トレンドなのか、下降トレンドなのかそれともレンジ相場なのか。そして上昇トレンドあるいは下降トレンドならば、その終焉のサインはいつ現れるのか？　またはレンジ相場の場合、レンジブレイクはいつ起こるのか？　そのようなサインの読みにはGMMAがとても優れていることは理解できたと思います。

しかし、兆候が現れて完成するまでに時間が掛かるという欠点もあります。その間に貴重な利益確保のチャンスを逃してしまうことにもなりかねません。そこで、その欠点を補完してくれるプライスアクションが活躍するというわけです。

プライスアクションのサインは時にはローソク足1本が相場の状況を克明に描き、その次に起こる相場状況を明確に示してくれることもあります。これによってGMMAのゆったりとしたサインを少しでも先取りして準備をしたり、実際に売買し、より多くの利益を手にすることも可能になるわけです。しかし、そこで気をつけなければならないのは「相場の世界に絶対はない」ということです。

それはプライスアクションも例外ではありません。すなわち、セオリー通りに行かない場合、「ダ

マシ」が発生したらどうなるのか？　そこまで踏み込んで相場を読みこなしていけるのがプライスアクションの魅力であり、また歯応えのあるところでもあります。

第２章のＰ１０２からプライスアクション＋ＧＭＭＡの組み合せによる基本戦略を紹介しましたが、実践で通用する技術を身に付ける最も効果的な方法は、より多くの事例から学ぶことしかありません。そして、より多くの実戦経験を積むことです。

この章ではトレンドが発生しているときの基本戦略、レンジブレイクの見極め、トレンド転換の見極めなどを中心に多くの事例をあげ、詳しく解説していきます。

また、実戦でプライスアクションを使うとき、具体的に何をもってそのサインの完成かを見極める方法、またプライスアクション特有のダマシについてもより詳しく解説していきます。

使用するチャートにはＧＭＭＡも表示させ、プライスアクションとの効果的な連携戦略を見ていきます。

両者の組み合わせについて特に気をつけるべきところは、「機械化された方程式はない」ということです。チャート上で目立つ値動きが起こったら、その意味をプライスアクションの教えに当てはめて分析しますが、新たな値動きが生まれるたびにその解釈は更新していくべきです。

初心者の方ほど「このシグナルが出れば１００％こうなる」といった「簡単な答え」を求めがちです。「１００％正しい答えが欲しい」と考える人ほど、世にはびこる「必勝法」に頼った妄信的な売買に走って失敗する確率が高くなります。

ただ、そうはいっても、プライスアクションの値動きの解読方法は、初心者でもわかるように、できるだけ簡略化したほうがいいでしょう。

そこで、私がプライスアクションの分析をする際の具体的な手法をご紹介しておきましょう。

チャートを見るときは、①まず現在の値動きに対する抵抗帯と支持帯を見つけることが大切です。同じ価格帯で1度のみならず、2度、3度と跳ね返されるほど、抵抗帯や支持帯は投資家に強く意識されるようになり、強固で分厚い壁になります。

抵抗帯、支持帯を探すときは、②「複数の下ヒゲや上ヒゲが集まっている価格帯はないか」「天井圏や大底圏に出ている特徴的なヒゲはないか」に注目すると探しやすいでしょう。

現在の値動きに対する抵抗帯、支持帯を見つけたら、③値動きがそこをブレイクできるかどうかに注目します。上昇シグナルとなるプライスアクションのサインで、上限となる抵抗帯を抜ければ、上昇の勢いは強いと判断します。同様に下降シグナルがダマシに終わって上昇に向かったときも強い上昇サインと考えます。

逆に、下降シグナル、または上昇シグナルのダマシとなる値動きで下値の支持帯を割り込んだ地点は売りサイン点灯です。

その値動きが④トレンド系指標のＧＭＭＡが示すトレンド再加速（「鰯喰い」）、トレンド転換（「トビウオ」、「キャシャロット」）のいずれかと一致していれば、実際にシグナルに沿った売買を敢行する、という①～④のステップが一連の流れになります。

ＧＭＭＡとプライスアクションが示す組み合わせ

- 過去の高値や安値、抵抗帯や支持帯となっている価格帯に注目して、その近辺で起こるプライスアクションを重視する
- ＧＭＭＡとプライアクションが示す方向性が一致していればその方向性で売買。かい離していたら、その理由を見極める
- 高値や安値の更新、抵抗帯や支持帯をブレイクしたり、跳ね返されたりする動きをエントリーの根拠にする
- サインのダマシは反対方向のサイン点灯と考える

ただ、ＧＭＭＡのシグナルを待っていると遅い場合もあるので、プライスアクションの早期シグナル点灯を根拠に早めに仕掛けてもまったく問題ありません。ＧＭＭＡが示すトレンドの変化の前には必ず値動き＝プライスアクションが示す「前兆」が起こります。その前兆が確かなものだと思ったら、ＧＭＭＡのシグナル完成を待たずに、積極的に打診的な売買を行うべきです。そこにこそＧＭＭＡとプライスアクションを併用する意味があるのです。

ＦＸの実戦取引では機敏な判断と迅速な行動が第一。売買の手順に関しては柔軟に考えましょう。

予測はしない、サイン通りに取引するのが上級者

ダマシに対するプライスアクションの教えは、実戦では当たり前に起こることの対処法になります。実戦で当たり前で起こること、それは「予測がハズれること」です。

ＦＸの初心者はＦＸの成功者やプロの投資家のことを、「未来を正確に予測できる慧眼の持ち主」と考えるかもしれませんが、実際にＦＸで成功している人にはそんな預言者のような能力はありません。

自分の未来予測にこだわっていたら、その予測がハズれたときの対応がどうしても後手後手になり、結局、ＦＸでコンスタントに利益を上げ続けるのは不可能でしょう。

「プロの投資家は予測はしない」といわれます。では、何をしているかというと「相場のことは相場に聞け」、値動きが発する売買サイン通りに忠実に売買しているだけ、ということが多いのです。

つまり、サインがダマシということが明らかになれば、そのサインに基づいたポジションは容赦なく損切りして様子見するか、ダマシの動きが非常に強いものなら、逆方向のシグナル発生と考えてドテン売買、というように淡々と売買を繰り返していくのがプロなのです。

また、たとえ買いサインが点灯しても一度にすべての資金を投入するのは愚の骨頂です。

どんな天才トレーダーも相場の山と谷をピンポイントで当てることはできません。もし仮に２万通

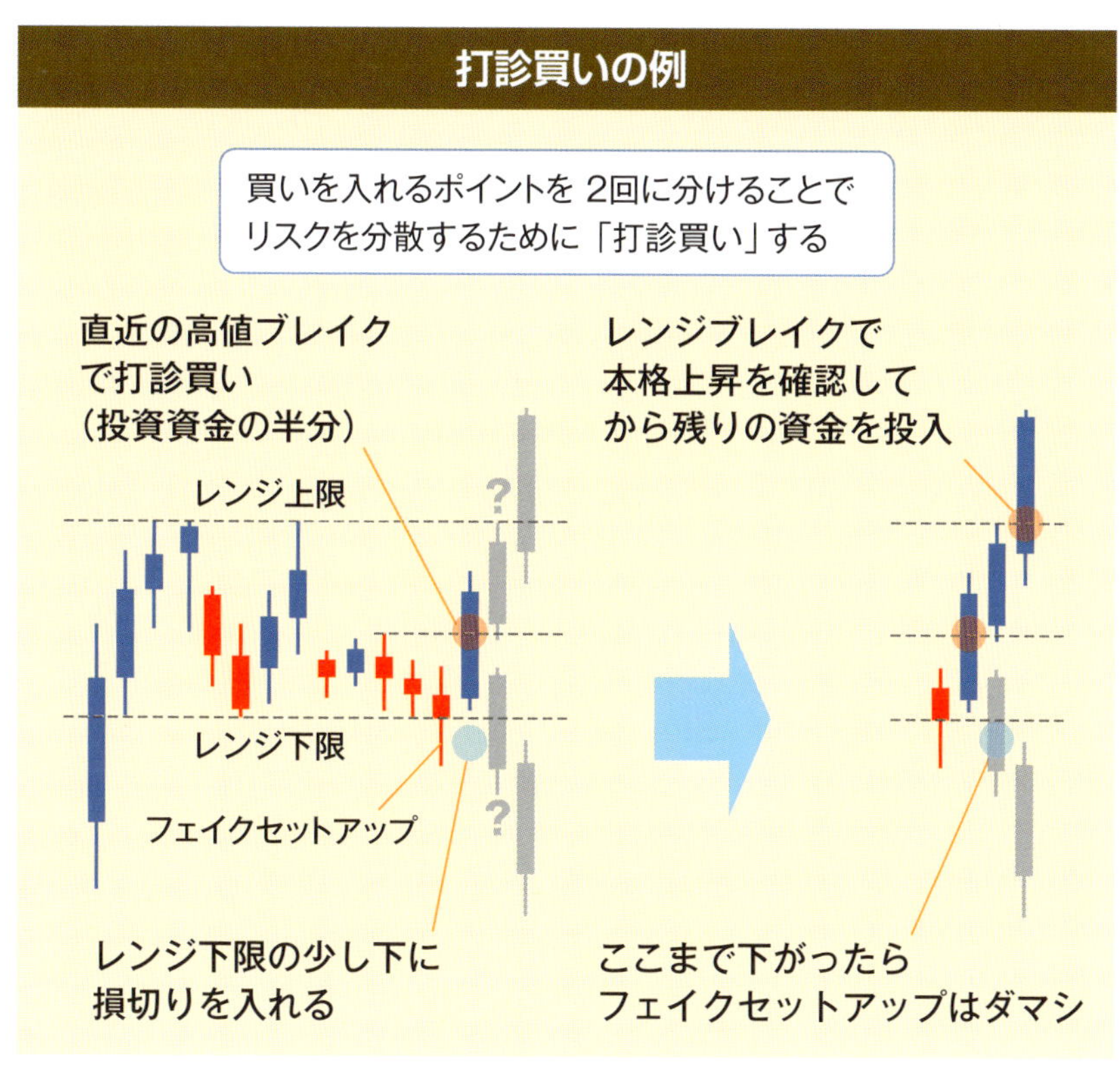

図３－２

貨のポジションを建てることができるなら、エントリーは最低でも１万通貨ずつ２回に分けるなど、分散して投入することが大切になります。

図３－２のように、為替レートが直近高値をフェイクセットアップで抜け出てそのまま上昇が続くとしたら、直近の高値ブレイクで買いエントリーしておけばレンジ上限までの利益が得られます。しかしその段階ではそのまま上昇に転じるのか、または反転して下落するのかは判断がつきません。もし

反転下落してしまった場合、投資資金はなくなってしまいます。そこで、下落してしまった場合も想定し、**フェイクセットアップで直近高値を越えてきたら、投入資金の半分で打診買いをして利益確保を狙います。その後、レンジ上限を越えたところで、残しておいた半分の資金を追加投入するのです。**その場合、レンジ上限を越えるまでの間の利益は半分ですが、それでも資金の半分では利益を上げることに成功したわけです。そしてもし反転下落したとしても損失も半分ですみます。

打診買いの後、相場が上昇せずレンジ下限を下回ってしまった場合は、フェイクセットアップのサインはダマシだったと判断し、そこに損切りのポイントを設定しておきます。

「この抵抗帯を越えたら上昇の勢いが強くなるので買い」と判断するのがプライスアクションの基本ですが、より着実に利益を出すためには図３－２のように直近の高値ブレイクで打診買いをしてリスク分散をするという発想も必要なのです。

プライスアクションのどんなシグナルが出ようとその先相場がどう動くかはわかりません。だからこそ、常に慎重な売買判断が求められるのです。打診買いはその慎重なトレードの一例です。

その際のエントリーレンジ設定においてもプライスアクションの知識が役立つことは言うまでもありません。シグナルが出たローソク足の高値や安値、その前日のローソク足の高値や安値などに注文を分割することが、平均売買コストを下げることにつながります。

言うまでもないことですが、「ナンピン買い」のように予想がハズれたにもかかわらず負けを認めないで、さらに買い増しをすることは絶対にやってはいけません。

ＧＭＭＡと組み合わせたトレンドフォローの極意

ＦＸ取引で利益を上げるための基本戦略は、トレンドフォロー、すなわち、今あるトレンドに乗って儲けることです。

本書のテーマであるプライスアクションは、ローソク足一つ一つの値動きを分析するもので、大きなトレンドを大局的に判断するのには不向きです。

強いトレンドの最中には、必ずスラストやランウェイといった高値や安値を更新する値動きが起こりますが、それはあくまでロング筋とショート筋がその時々のＦＸ市場で繰り広げる「局地戦」に過ぎません。「木を見て森を見ず」というときの「木」が値動きになります。

だからこそ、プライスアクションを使うときは、森全体を高みに立って俯瞰できるようなトレンド系指標を必ず組み合わせる必要があります。

むろん、すべてのトレンドは、ロング筋とショート筋が織りなす一つ一つの値動きの積み重ねでできています。値動きなくしてトレンドは発生しませんし、値動きがないことには利益も生まれません。その意味では当然、プライスアクションが示す値動きも重要です。

「トレンドか？　値動きか？」は卵が先かニワトリが先かに近い議論です。

究極のトレンドフォロー系指標であるＧＭＭＡでトレンドを把握しつつ、プライスアクションで、

トレンドの方向性に一致した値動きをとらえて新規エントリー、そして利益確定や損切りのエグジットポイントを設定する、という連携が何よりも大切なのです。

図3－3は下降トレンドからトレンド転換して、V字回復の上昇局面にあるドル／円の日足チャートです。GMMAでは**トビウオ**の発生も見られ、今後は図に示した**高値ライン**への挑戦が目先のターゲットになりそうですが、最安値から大陽線が2本連発し、力強いV字回復ぶりを示しています。

こういったときは、**GMMA短期組が長期組を下から上に突き抜けそうなトレンド転換にむかう勢いを確かめながら、上昇を示すプライスアクションのサイン点灯に従って機械的に買いを入れていく戦略が有効**といえるでしょう。

プライスアクションを使ったトレンドフォローの最も単純なやり方といえるのが、上昇過程で出たアウトサイドやインサイドの母線となる高値を越えたら追随買いしていく方法です。

具体的には、ドル／円がGMMA長期組を突き抜けて上昇した**アウトサイドA**の**高値**が翌日の陽線登場で更新されたら買い。ストップ（損切りの逆指値注文）はアウトサイドAの下ヒゲ安値の少し下に設定します。

さらに、GMMA短期組が長期組を突き抜けて「**トビウオ**」シグナル点灯直前のところでも、再び**アウトサイドB**が登場しているので、翌日、アウトサイドBの**高値**が更新されたところで買い増して、アウトサイドBの下ヒゲ安値の少し下まで損切りポイントを引き上げます。そうすれば、最初の買いポジションでの大幅な利益を確保しつつ、さらなる利益拡大を狙えます。

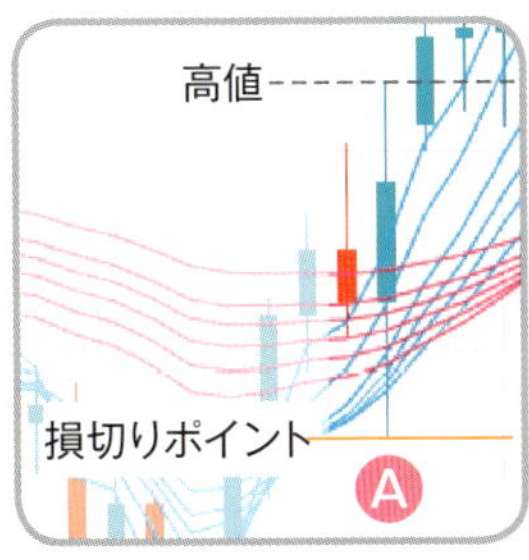

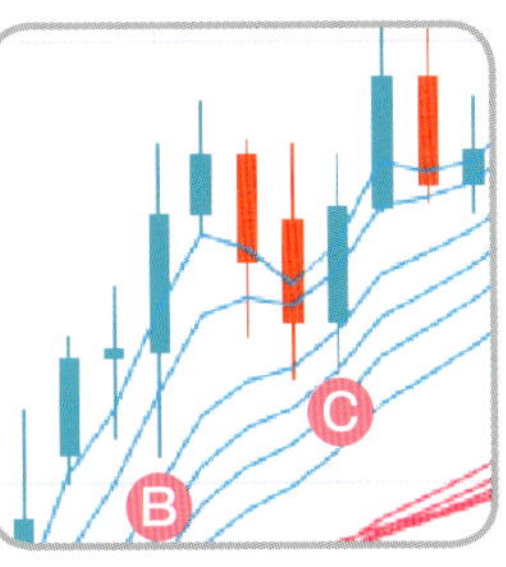

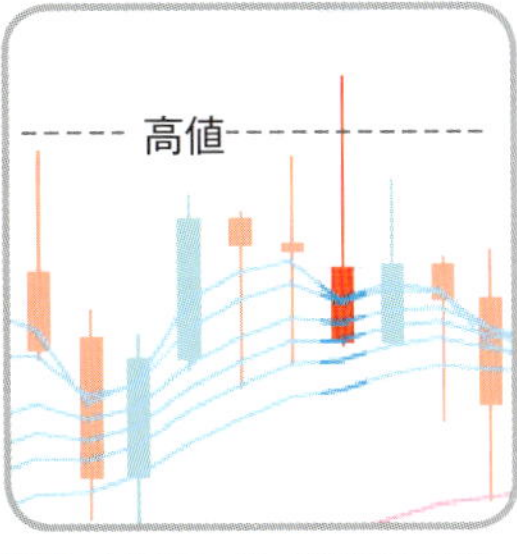

1 GMMA 長期組を突破。アウトサイドＡの高値を翌日の陽線更新で買い

2 アウトサイドＢ、インサイドＣはともに翌日買い増しポイントに

3 高値ライン到達で利益確定

図３－３　ドル／円　日足（2017年6月20日～10月3日）

短期組を越えて上昇する過程では、前日の陰線に対してインサイドとなる**ローソク足**Cが登場しており、A、B同様に翌日の陽線がCの母線高値ラインを越えたところでも、新たなロングポジションを建てることができます。

その後は**図3－3**の画面のような上昇が続いており、**高値ライン**を見事に奪還しました。当然、上昇が一服する場面では利益確定も必要ですが、こういった単純な買い増し戦略の売買ポイント探しにも使えるのがプライスアクションの魅力です。

トレンドフォローの根拠となるダマシとは？

ダマシもまたシグナルというのが、プライスアクション最大の特徴です。

たとえば、スパイクローといえば、教科書的には底打ちシグナルですが、下降トレンドの途中で出現して、そのサインがダマシに終わったときは、強力な下落加速シグナルになります。

図3－4は豪ドル／円の日足チャートですが、GMMAで「キャシャロット」シグナルが点灯し、下降トレンド入りが鮮明なところに図のAのローソク足など**スパイクロー**がA以降にも、いくつか発生しています。

スパイクローは、下ヒゲの長いローソク足で、安値で新たな買い勢力が登場して、下落が一服したときに登場しやすいといわれています。

しかし、図のような下降トレンドの初動段階では、新たな買い勢力の参戦ではなく、これまで売りで勝負してきたショート筋の利益確定＝手仕舞い買いによる下落一服が起こることが多いものです。図ではGMMAの短期組の幅は拡大傾向にあり、長期組も6本の移動平均線がクロスして下降トレンドの並びが完成した直後ということもあり、下向きのトレンドが加速し始めたばかりの状況です。そういう状況ではスパイクローを下げ止まりサインとして過大評価すべきではありません。

逆にGMMAでは「キャシャロット」が完成しているので、スパイクローの底打ちシグナルがダマ

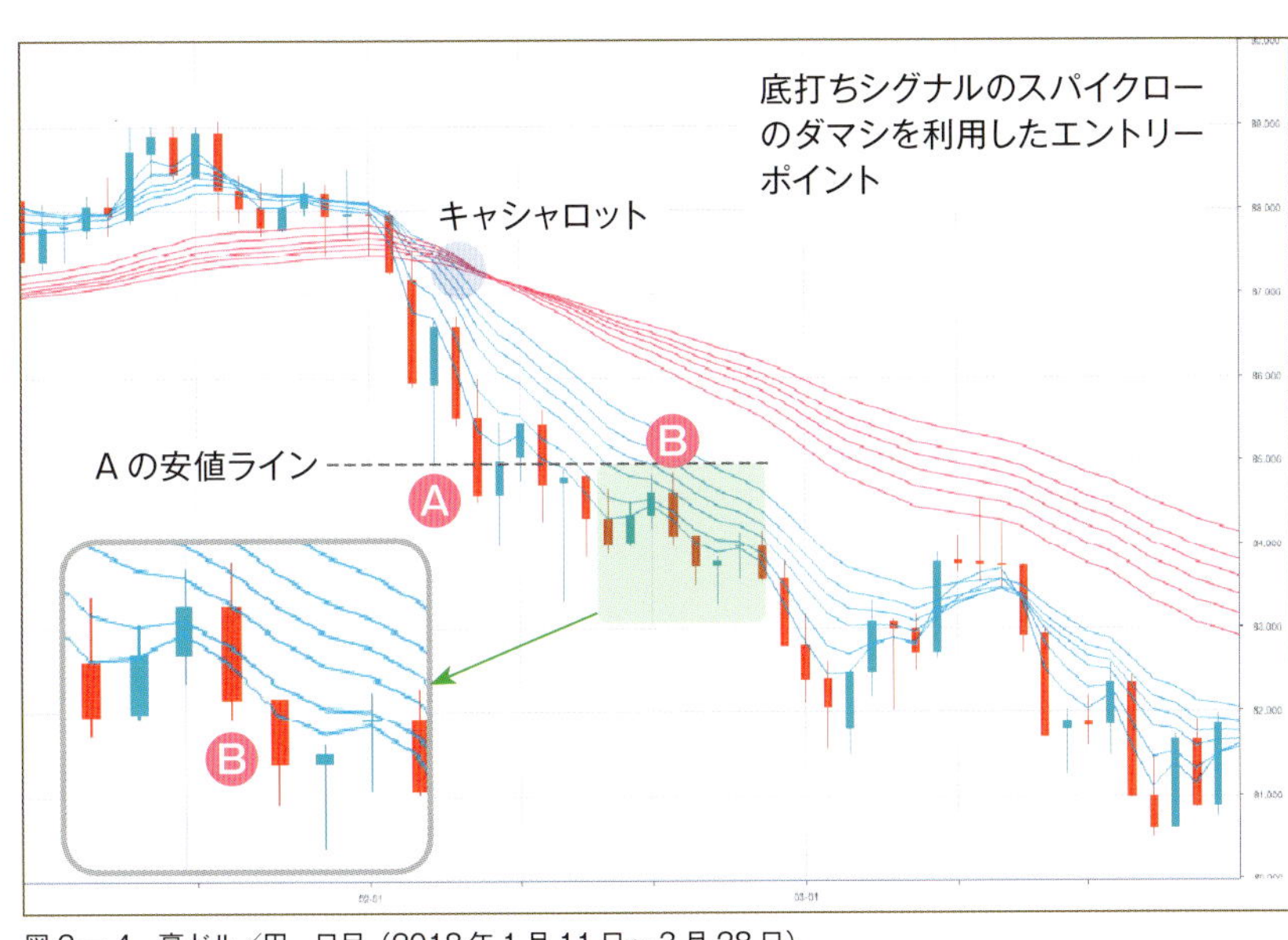

図３－４　豪ドル／円　日足（2018年１月11日～３月28日）

シに終わり、下向きの値動きが加速する可能性を疑うべきでした。

実際、図のスパイクローはいずれもその日限りの戻しに終わっていて、翌日の切り返しを確認できません。スパイクローの「戻りの失敗」、すなわちダマシが確認できるポイントは、逆に新規の売り注文を入れるポイントになります。

スパイクローで反転上昇したものの力なく失速し、その下ヒゲ先端をさらに下回って下落したところが、具体的な売りのエントリーポイントになります。

いったんブレイクされたスパイクローAの安値ラインはその後は抵抗帯として働きます。たとえば、Aの安値ラインに上昇を阻まれる形で出現したBの陰線が前日安値を更新して弱気リバーサルが完成しそうなところも売りエントリーの絶好のポイントになります。

スピード調整を見極めて押し目買い・戻り売り

トレンドフォローでは、いったんトレンドが小休止して投資家の利益確定によるスピード調整が起こったあとの押し目買いや戻り売りを狙うのが基本戦略になります。

前ページのスパイクローで見たように、スピード調整をいち早く察知するときに役立つのがトレンドとは逆の方向に出たプライスアクションのサインです。そのサインがダマシに終われば、スピード調整完了でトレンド再加速と、先回りして考えることができます。

図3-5の豪ドル／円の画面右側の緑のゾーンでは「トビウオ」完成後のGMMAの並びから見て上昇トレンド継続と判断できるので、ここは**「鰯喰い」**シグナルを確認したあとの押し目買いを狙いたい場面です。

ただ、直近では**大陰線A**が出て、前日の陽線全体を包み込むアウトサイドかつ弱気リバーサルのサインが点灯。GMMAの長期組の下限まで下落しており、安値更新の恐れもありました。

しかし、この**弱気リバーサルA**は、その直前の反転上昇の途中に起きたスピード調整の可能性も高く、再度、**高値ライン**を突破できれば、ダマシ完成で、逆に上昇トレンドが加速するという予測を立てることもできました。

その根拠が、下値にある**安値ライン**です。このラインは、過去のレンジ相場の安値や下降トレンド

図３－５　豪ドル／円日足（2017年２月２日～９月８日）

図３－5a

の強いサポートになっています。

その後の値動きを示した図３－5aを見ると、豪ドル／円は高値ラインと安値ラインの間で乱高下したものの、Bの地点で再度高値ラインのブレイクに成功して、上昇が加速。GMMA上でも「鰯喰い」のサインが点灯し、格好の押し目買いポイントになりました。

乱高下の途中にはいったん**安値ラインを割り込むスパイクロー**も出現していますが、そのブレイクはダマシに終わり、フェイクセットアップのシグナルも点灯しています。トレンドと同じ方向のサインだけでなく、逆方向のサインのダマシ確定にも注意しましょう。

「適切な押し」が上昇トレンドを加速させる

トレンド再加速を知らせるシグナルとして、私が考案したのが「適切な押し」という考え方です。それは図3-6aの概念図に示したように、上昇トレンドがいったん下落に向かったものの、過去の高値ラインをサポート役に反転上昇する値動きです。

「過去の抵抗帯がブレイクされると支持帯になり、過去の支持帯がブレイクされると抵抗帯に早変わりする」というのがプライスアクションのルール。

つまり、ブレイクされた過去の高値ラインが「支持帯として機能しているかどうか」を実証してみせるような値動きが「適切な押し」といえます。その「押し（スピード調整）」がなぜ適切かというと、下値の支持帯がしっかり機能していることを確かめにいった値動きだからです。支持帯を確認したことで上昇トレンドの力が再び強まり、上昇が加速するというわけです。

図3-6の豪ドル／円の場合、GMMAの短期組が長期組を上抜きそうになりましたが、ローソク足Aは**高値ライン①に**阻まれて**弱気リバーサル**となり、反転下落。

陰線が3本連続で続いて、**高値ライン②**まで下落したものの、陽線で反転上昇。さらに陽線が何本も連発して、上昇トレンドへの転換が加速しています。

この**高値ライン②**への下落とその後の反転上昇が「適切な押し」に当たります。**高値ライン②**の近

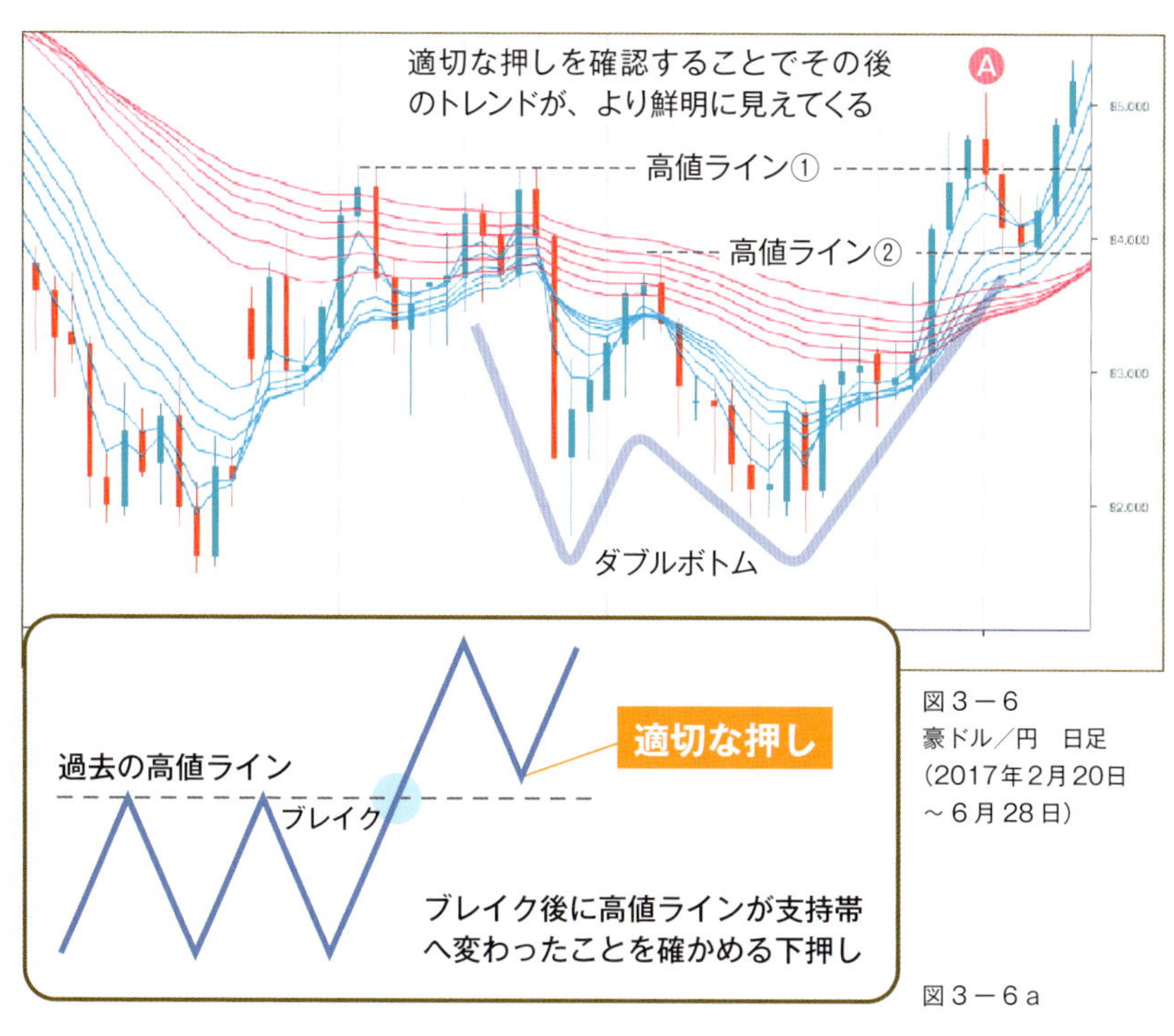

図３－６
豪ドル／円　日足
(2017年２月20日～６月28日)

図３－６ａ

辺にはGMMA短期組の下限や長期組の上限も位置していて、その意味でも強い支持帯といえました。豪ドル／円はわざわざ、そこまで「適切に」下落してみせることで、いったん利食いしたいロング筋の「ガス抜き」に成功。

その効果でトレンドの勢いが健全化され、その後の上昇トレンドの加速につながった、と考えることができるわけです。

もう少し過去の値動きを見ると、豪ドル／円は**ダブルボトム**を形成しており、**高値ライン②**はそのネックラインでもありました。ダブルボトムが完成したことからも底値でのレンジ相場から上昇トレンドへの転換が鮮明な局面といえました。

この「適切な押し・戻し」は上昇であれ下降であれ、トレンドが加速する局面には頻出するので、もう少し見ておきましょう。

図3-6の豪ドル/円の画面左側に注目すると、ＧＭＭＡの「キャシャロット」シグナル点灯後に下降トレンドにおける「適切な戻し」が発生しています。

「適切な戻し」が起こるのは、為替レートの下落で利益を得たショート筋がいったん買い決済して利益を確定しようとするからです。しかし、その戻りがかつての支持帯転じて抵抗帯になりそうな価格帯まで到達すると、再びショート筋が「ここまで上がったらまた下がるに違いない」と新規の売りを加速させることで下落に拍車がかかることになります。

図の豪ドル/円は高値保ち合いの支持帯だった**安値ライン**を大陰線でブレイクして、ＧＭＭＡの「キャシャロット」シグナルをともなって下降トレンド入り。その後出現したのが、**3本の陽線**Aです。

3本目の陽線とその次に出た**弱気リバーサル**は、過去につけた**安値ライン**によって頭を押さえつけられることで、反転下落。かつて支持帯として機能していた**安値ライン**が抵抗帯に早変わりしたことを確かめるような値動きで、下降トレンドにおける「適切な戻り」といえます。

ある意味、この戻しがその後、「健全に」続落するためのパワーを蓄えるスピード調整の役割を果たした、といえるでしょう。

こうした「適切な押し・戻り」というのは、トレンド相場やトレンド転換時における投資家の利益確定行動によって生まれます。しかし、その利益確定が過去の高値や安値の範囲内にとどまる「想定

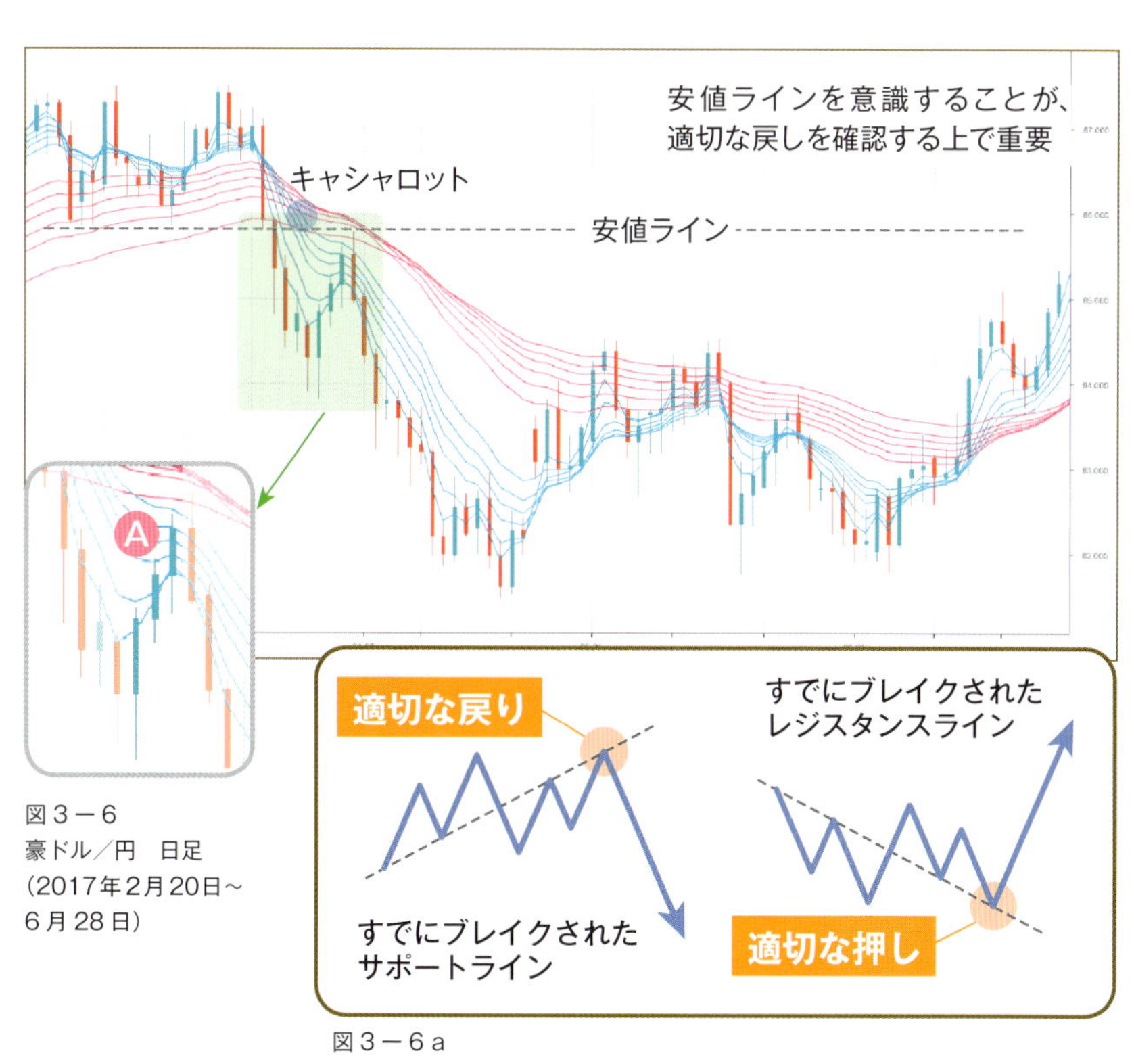

図３－６
豪ドル／円　日足
(2017年２月20日～
６月28日)

図３－６a

内の値動き」だったことで、投資家が今後もトレンドの加速・転換が続くだろうと確信することが、その役割になります。

上昇にせよ、下降にせよトレンドがいつ終わるかは誰にもわかりません。誰もが戦々恐々としている中、「想定内の利食い」が入ることで、値動きをリフレッシュさせるのが「適切な押し・戻し」なのです。

ちなみに、適切な押しの対象になるのは過去の高値ラインだけでなく、**図3－6a**の概念図に示したように、角度のあるレジスタンスライン、サポートライン上の値動きも同様です。

週足チャートと日足チャートの見比べ

ＦＸの初心者ほど、「安いから買う」「高いから売る」という日常のショッピングと同じ感覚で逆張りに走りやすいといわれています。単純な逆張りは失敗に終わる確率が高いですが、同じ逆張りでも、長期的な見通しに立てば順張りというケースもあり、その場合はトレンドが再加速する初動段階に乗ることでより多くの利益を得ることができます。

考えてみると、相場における判断と行動の大前提は確実性にあります。

一方、相場自体の本質は不確実性にあるので、ＦＸのトレードはある意味、矛盾に満ち満ちた行動といえます。その矛盾を解消する意味でも、より大局、高見に立った視点が必要です。

そんな見晴らしのいい視点を得るために「ＦＸの習慣」としてオススメしたいのが、週足チャートと日足チャートの見比べです。

トレンドフォローの手法として、週足チャートで確認されたトレンドに対して、日足チャート上でいったん逆方向の動きが加速したあと、また週足チャートが示す方向に回帰する瞬間を狙うと、的確な押し目買い・戻り売りを行うことができます。

日足チャートに示唆された値動き反転の前兆をいち早くつかむためには、やはりプライスアクションの知識が必要不可欠になります。

図３－７　豪ドル／ドル　週足（2016年４月４日～2017年８月28日）

図３－７は豪ドル／ドルの週足チャートです。豪ドル／ドルはレンジ相場で上がったり下がったりが続き、週足ベースでスパイクハイを連発。その上ヒゲ高値がレンジ相場の上限となる**抵抗帯**になっていましたが、アウトサイドになる**大陽線A**で**抵抗帯**をブレイクして上昇含みの展開になっています。

直近の**ローソク足B**は、前週安値を下回ったものの見事、切り返しに成功して前週終値を越えて引けたので、**強気リバーサル**かつ前週の値動きすべてを包むアウトサイドのサインが点灯しています。

この強気リバーサルに至る一連の値動きは、過去にレンジ相場の上限だった抵抗帯がブレイクされたあと、支持帯に変化したかどうかを確かめる値動きといえるので、まさに前ページで見た「適切な押し」に当たります。

すでにＧＭＭＡの短期組が長期組に対して**「トビウオ」**シグナルを点灯させていることからも、長期的な一段高が見込める展開でした。

週足チャートで上昇に向かう流れが観測された以上、当然、日足チャート上でも週足と方向性がそろった力強い反転上昇シグナルを探し、少し長期的な視点での押し目買いを狙っていきたいところです。

そこで**図3－7**の週足のある期間（**図3－7ピンクの帯部分**）を日足チャートで1日ごとの動きに分解して見ると、緑のゾーンでは数日間下落が続いたあと、GMMAの長期組に支えられる形で**大陽線A**が出現。翌々日以降には、さらにそれを上回る陽線が2日連続しています。

大陽線Aは、**レジスタンスライン**を上抜けしており、さらに直前に点灯した**弱気リバーサルB**がつけた高値も突破することで、弱気リバーサルのダマシの証明になっており、調整相場の終焉シグナルになっています。

また、大陽線Aの翌々日出現した陽線Cが牽引する形で、GMMAの短期組も反転上昇し、長期組に対して**「鯛食い」**のシグナルが点灯しそうになっています。

また、大陽線Aは直前のローソク足に対してアウトサイド。**陽線C**はその母線高値を越えていることから、これもまた上昇シグナルの点灯と考えられ、複数のシグナル点灯から、陽線Cを持ってトレンドフォローの押し目買いを入れる大チャンスでした。

その後の値動きは**図3－8a**に示した通り、反転上昇が続きました。

このように週足チャート上に出たプライスアクションのシグナルから長期的な値動きの勢いを測り、その予測を日足チャート上の同じ方向性を持つシグナルとダブルチェックすれば、ある種の逆張

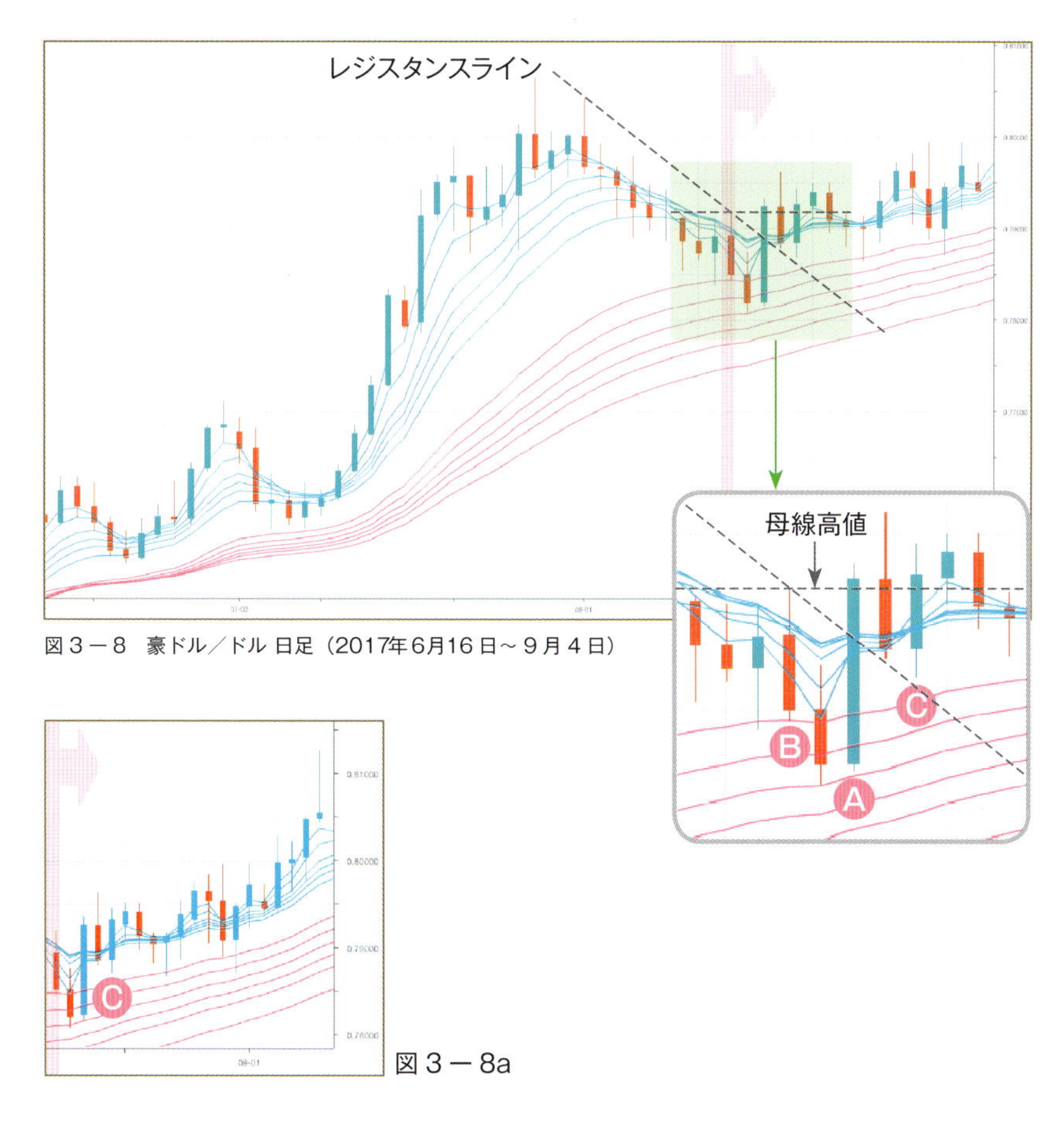

図３－８　豪ドル／ドル 日足（2017年6月16日～９月４日）

図３－8a

り的な取引も確実性を持って行うことができます。

ただし、週足チャート上のプライスアクションは1本のローソク足が日足チャート5本分に相当し、長期間かけて形成される、ゆるやかな動きです。**プライスアクションの主戦場はやはり日足チャートなので、大きな流れは週足で確認するにしても、売買の根拠とするのは日足チャート上のプライスアクションのサインになります。**

フォールスブレイクアウトとレンジ上限からの下落

レンジ相場では、レンジ下限で買い、上限で売る逆張り気味の取引が利益獲得につながります。そのためには、レンジ上限、下限での値動き反転をいち早く見抜く必要があります。

レンジ相場の上限をブレイクしそうになって結局ブレイクできずに下落するサインとしては、フォールスブレイクアウト、フェイクセットアップなど「ダマシ系サイン」に注目するのが有効です。

レンジ相場の上限を上放れる動きがダマシに終わった場合、逆にレンジ下限を下回る値動きが起こりやすくなる、というのがフェイクセットアップになりますが、ダマシ発生後、反対方向のレンジをブレイクするまでに時間がかかる場合もあります。

図3-11のドル／円は、下降トレンドの途中でレンジ相場を形成。AやBのスパイクハイの上ヒゲ高値によって形成された**抵抗帯**がレンジ上限になっていました。その抵抗帯をいったんは突破したものの、結局、上ヒゲの長い陰線で終わったローソク足Cは、スパイクハイの形になっています。

このローソク足がフェイクセットアップかどうかは、その後、レンジ相場の下限をブレイクできるかどうかで決まります。しかし、そこまで到達するには時間がかかります。

レンジ上限から下限まで下落するのを指をくわえて待っていては、レンジ相場で稼ぐことはできません。こういう場合、たとえフェイクセットアップは完成していなくても、レンジ上限の抵抗帯の突

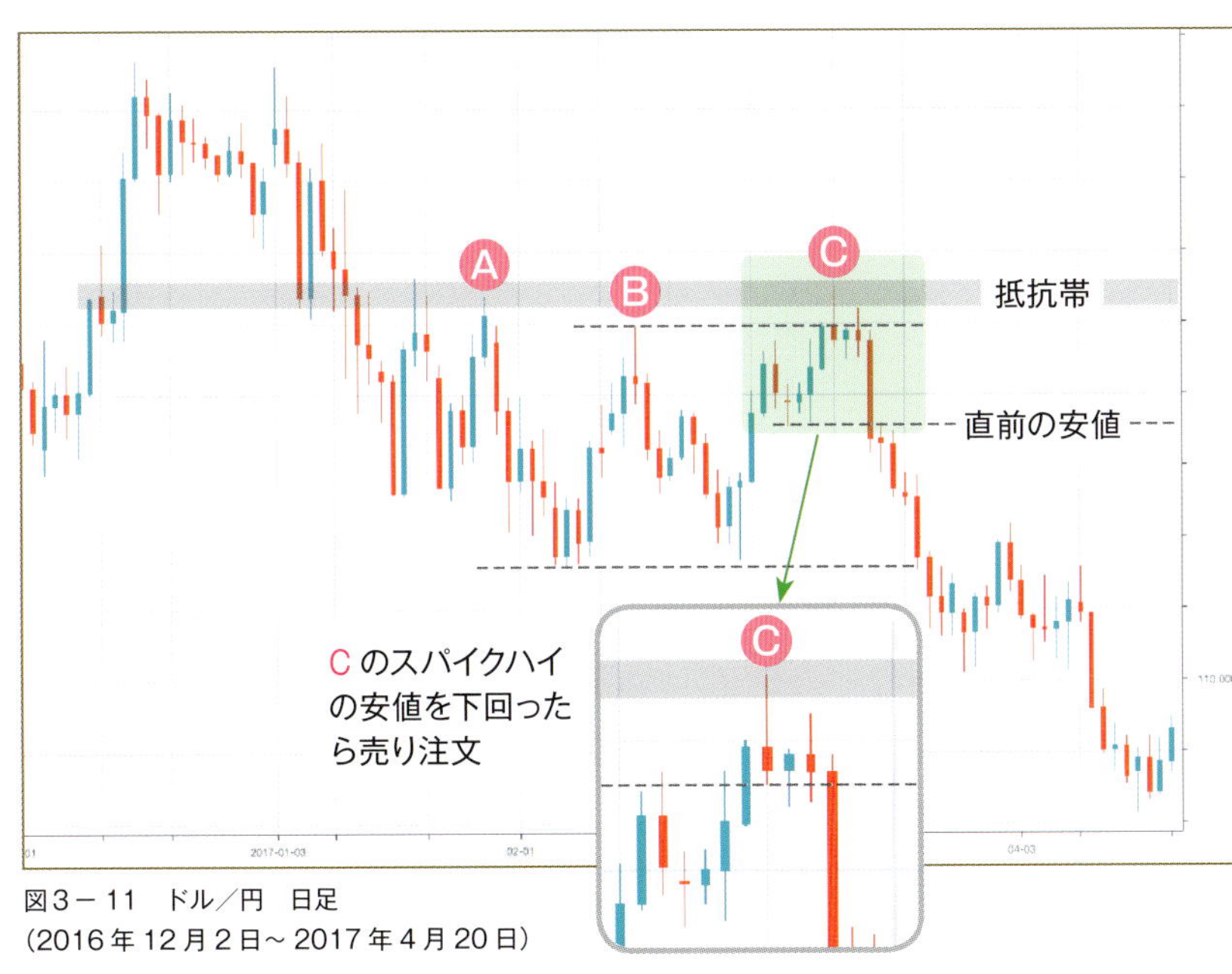

図３－11　ドル／円　日足
(2016年12月２日～2017年４月20日)

破が失敗に終わって上ヒゲの長い陰線になったCのスパイクハイの安値を、翌日のローソク足が下回った時点で積極的に売っていっても構いません。

考えてみれば、上昇するかに見えて結局、その上昇が失敗に終わった売買痕跡である上ヒゲ自体が立派なダマシです。上方向に向かう流れがダマシである以上、逆方向である下向きの流れが加速すると考えるのが妥当です。

より慎重を期すなら、図の**直前の安値**を下回るところまで待ってもいいでしょう。なぜならスパイクハイCによる高値ブレイクが完全なダマシになるのは、直前の安値がブレイクされた瞬間と考えられるからです。レンジ相場の上限で値動きが反転し、逆方向の流れが加速した決定的な瞬間になるので、レンジ相場の売りを仕掛ける正規のポイントといえるでしょう。

トレンド転換を察知するプライスアクション

プライスアクションはトレンド転換をいち早く察知する局面でも、その真価を発揮します。

力強いトレンド相場はトレンド系指標の王様・GMMAの並びや長期組の束の拡大などでかなり明確に判断できます。しかし、「トレンドが転換するかしないか」はトレンド系指標ではなかなか判断しづらいもの。例えば「押し目＝鰯喰いなのか」、それとも「下降トレンドへの転換＝キャシャロットなのか」の判別は、実際にサインが完成するまでは判断できないということです。

そんなときこそ、プライスアクションのサインに注目すべき。一つ一つの値動きが示す「弱さ」こそ、トレンドが上昇から下降へ転換するためには必要不可欠だからです。

図3―12は英ポンド／円の日足チャートです。たとえば、天井圏や下落過程で上ヒゲの長いスパイクハイや弱気リバーサルが出現すれば、GMMAでは鰯喰いなのか、キャシャロットなのか判断に迷う場面でも、キャシャロットの完成をより強く意識できるようになります。

英ポンド／円はAの地点で高値を更新しましたが、そのときのローソク足が陰線のスパイクハイで終わったことで反落。ローソク足はいったん前の高値を越えているのに、その更新がダマシだったので、フォールスブレイクアウトの下落サインも点灯しています。翌日のローソク足は大陰線となり、その後も**安値ライン①**を割り込んで下落が続きました。

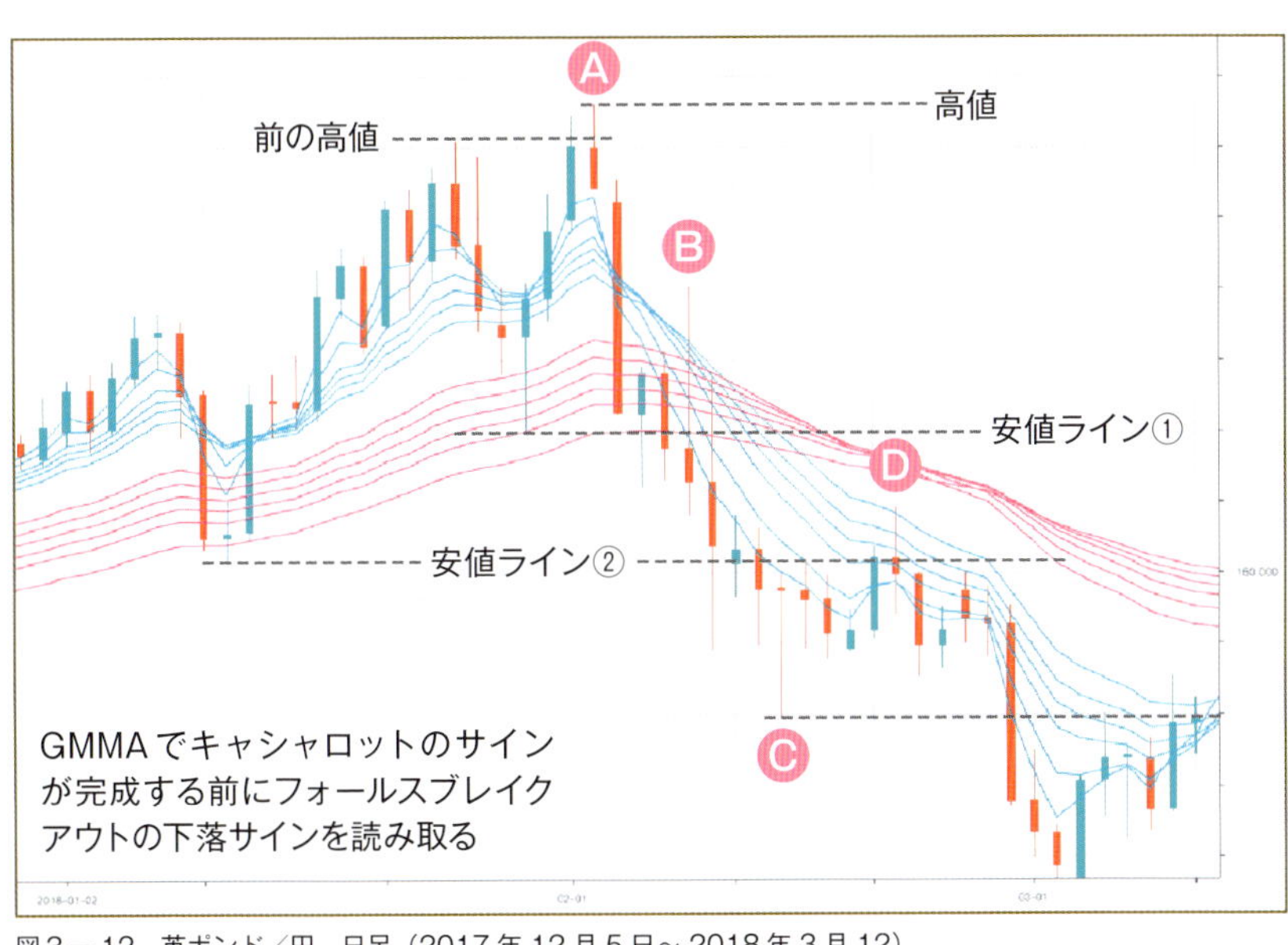

図３－12　英ポンド／円　日足（2017年12月5日～2018年３月12）

その過程で出現した上ヒゲの長い**ローソク足B**はスパイクハイかつ弱気リバーサルです。弱気リバーサルというと、陽線が出たあと、完全否定するような陰線が出現する「陽線→陰線」の形を想定しがちですが、ローソク足Bのような「陰線→陰線」の弱気リバーサルはより反転下落の勢いが強い値動きになります。

その後は**安値ライン②**をブレイクしてさらに下落する展開になりました。下ヒゲの長い**スパイクローC**が出て、いったん下げ止まったものの、今度は**スパイクハイD**が出現して、**安値ライン②**に跳ね返されています。さらに抵抗帯に変化した**安値ライン②**によって上昇が跳ね返されたことで「適切な戻し」も完成し、再び下落が加速する展開が濃厚といえました。この反転下落の時点では、スパイクローCの下ヒゲ安値がいつブレイクされるかが焦点でした。

ブレイクされれば、スパイクローの上昇シグナルがダマシに終わったことになるので、下落加速シグナルが点灯します。

ＧＭＭＡを見ると、すでに短期組が長期組を下回って「キャシャロット」シグナルが点灯。**安値ライン②**の少し上に損切りの買いストップ（逆指値）注文を置きながら、売りで勝負していい局面といえました。

その後の英ポンド／円の値動きは前ページの**図3－12**のように、トレンド転換には至らなかったものの、**スパイクローC**の安値を割り込んで1円以上、大きく下落しました。

このように、ＧＭＭＡにトレンド転換のシグナルが出たら、その過程で登場した個別の値動きにプライスアクションのサインを当てはめることで、「トレンド転換が実際に起きるのか」、「もし仮に起きた場合、どこでエントリーするのが望ましいか」という売買シナリオを具体的かつ詳細に立てられるのが、両者の組み合わせの強みです。

※　※　※

ちなみに、下降から上昇へのトレンド転換の場合、その初動段階で必ず、

1・これまでの安値を下回らないで上昇

2・これまでのレジスタンスラインを上抜けて上昇

3・これまでの高値を越えて上昇

という3つのステップが、順不同で発生します。私はこれを「1－2－3の法則」と名付けて、

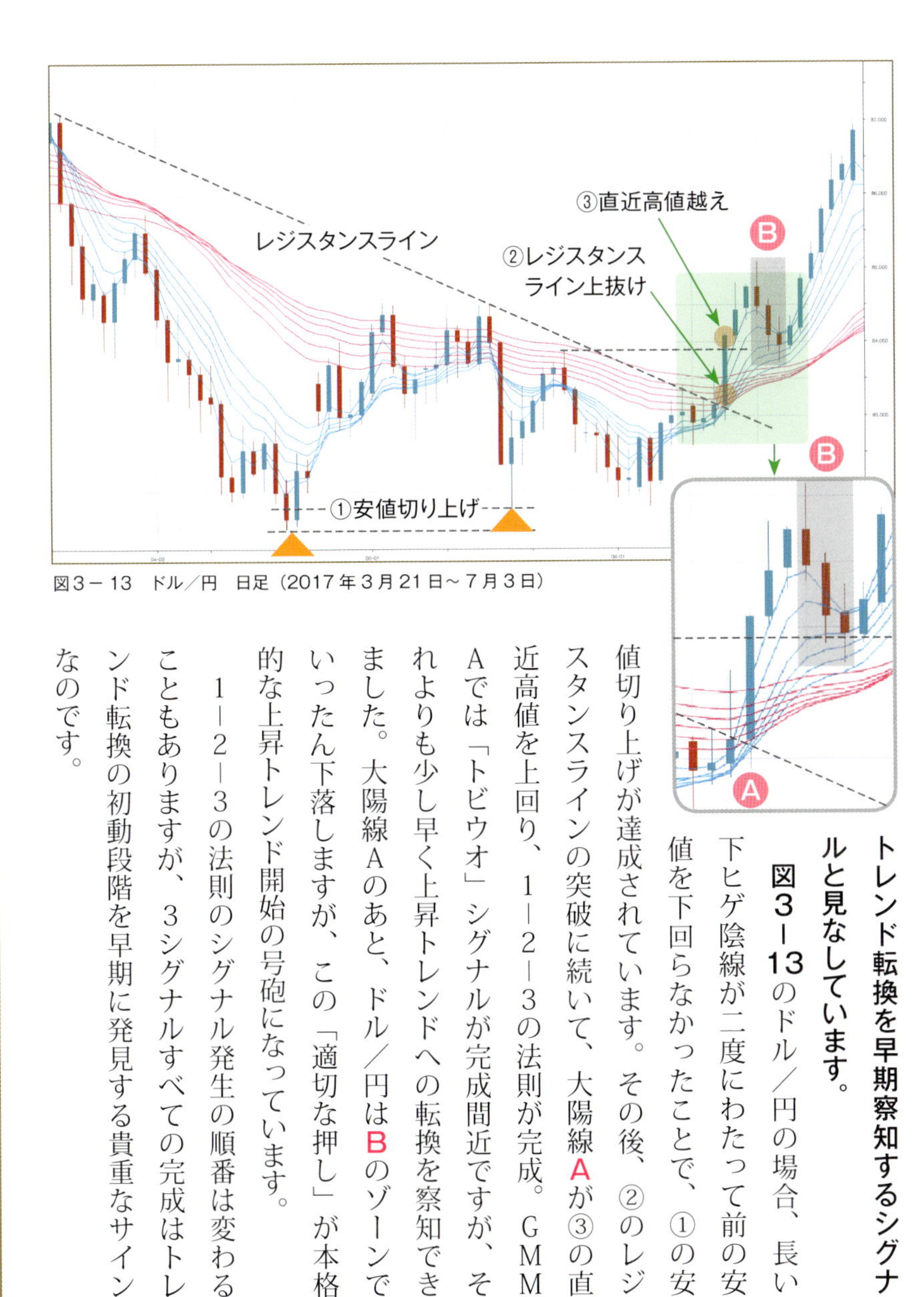

図３－13　ドル／円　日足（2017年３月21日～７月３日）

トレンド転換を早期察知するシグナルと見なしています。

図３－13のドル／円の場合、長い下ヒゲ陰線が二度にわたって前の安値を下回らなかったことで、①の安値切り上げが達成されています。その後、②のレジスタンスラインの突破に続いて、大陽線Aが③の直近高値を上回り、1－2－3の法則が完成。GMMAでは「トビウオ」シグナルが完成間近ですが、それよりも少し早く上昇トレンドへの転換を察知できました。大陽線Aのあと、ドル／円はBのゾーンでいったん下落しますが、この「適切な押し」が本格的な上昇トレンド開始の号砲になっています。

1－2－3の法則のシグナル発生の順番は変わることもありますが、3シグナルすべての完成はトレンド転換の初動段階を早期に発見する貴重なサインなのです。

トップアウト（天井打ち）とプライスアクション

どんなに強いトレンドもいつかは終わるもの。トレンド終了後は逆方向の新たなトレンドが始まる可能性が高く、トレンド転換の初動段階を察知できれば、大きな利益を得ることができます。

ただし、強いトレンドであればあるほど、トップアウトにしても底打ちにしても時間がかかり、また値動きも複雑なパターンを示す傾向があります。とはいえ、シンプルな見方をすれば、トップまたはボトムをつけたのはほかでもなく、値動きが重要な抵抗帯や支持帯にぶつかって跳ね返されたからです。プライスアクションはそうした抵抗帯、支持帯を探す貴重なツールであり、強いトレンドがトップアウトする場面をいち早く教えてくれます。

図3-14はユーロ／ドルの日足チャートですが、画面右側で急落に転じ、GMMAの**キャシャロットシグナル**が点灯。上昇トレンドがトップアウトして下降トレンド入りした可能性が濃厚です。振り返ってみると、ユーロ／ドルが最初に抵抗帯にぶつかったのは、画面左の**高値**でした。当日の**ローソク足**Aは上ヒゲが非常に長いスパイクハイであり、高値圏に強力な抵抗帯があることを示していました。その後も**強気リバーサル**Bが出現するなど高値更新を狙いましたが、2度にわたって失敗しています。特に、**大陰線**Cは前日の陽線に対してアウトサイドを形成し、重要な抵抗ゾーンを再確認することになりました。

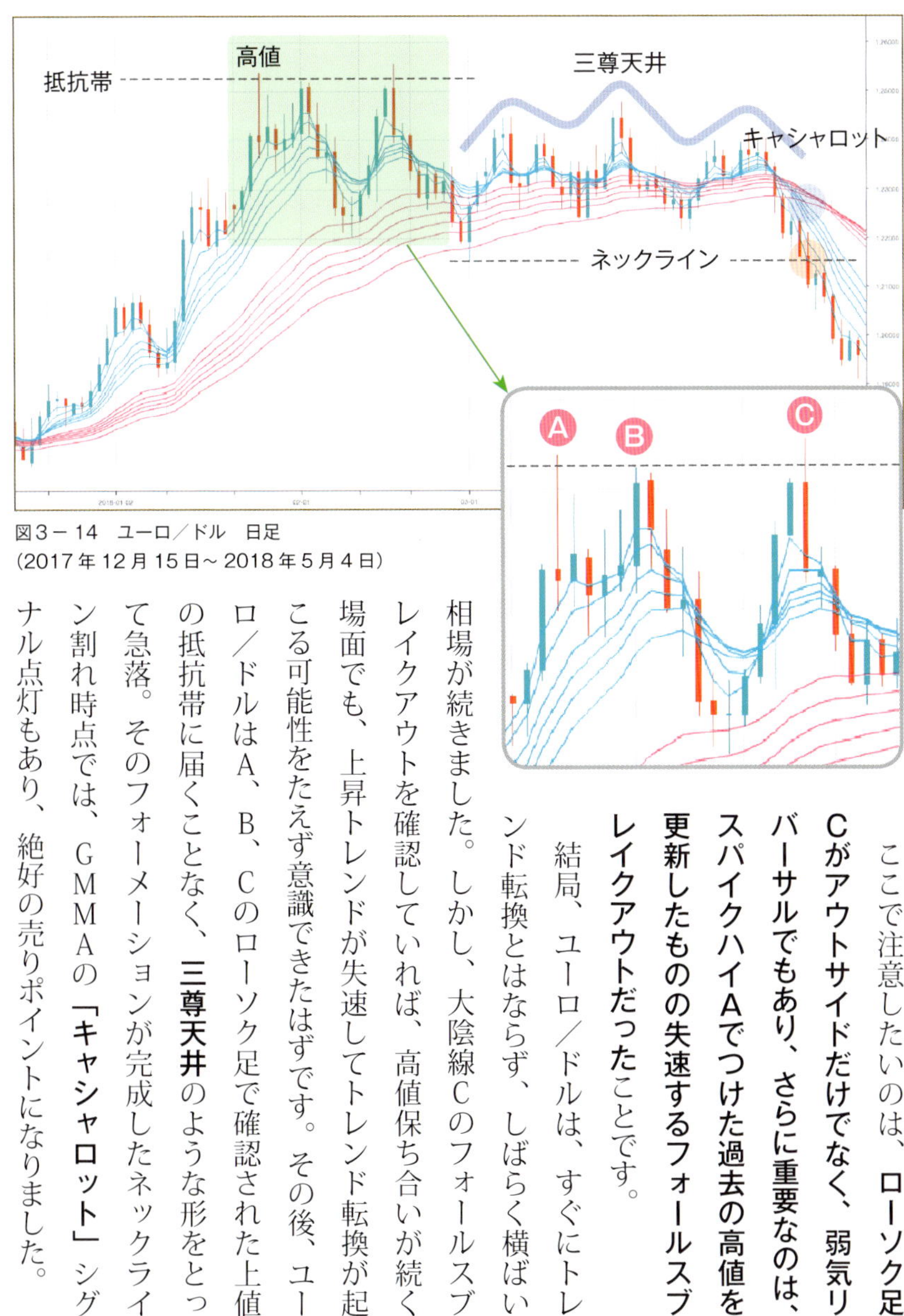

図３－14　ユーロ／ドル　日足
(2017年12月15日～2018年5月4日)

ここで注意したいのは、**ローソク足Cがアウトサイドだけでなく、弱気リバーサルでもあり、さらに重要なのは、スパイクハイAでつけた過去の高値を更新したものの失速するフォールスブレイクアウトだった**ことです。

結局、ユーロ／ドルは、すぐにトレンド転換とはならず、しばらく横ばい相場が続きました。しかし、大陰線Ｃのフォールスブレイクアウトを確認していれば、高値保ち合いが続く場面でも、上昇トレンドが失速してトレンド転換が起こる可能性をたえず意識できたはずです。その後、ユーロ／ドルはＡ、Ｂ、Ｃのローソク足で確認された上値の抵抗帯に届くことなく、**三尊天井**のような形をとって急落。そのフォーメーションが完成したネックライン割れ時点では、ＧＭＭＡの**「キャシャロット」**シグナル点灯もあり、絶好の売りポイントになりました。

前ページのユーロ／ドルと同じ構造ですが、より明確なトップアウトの例としては同じ時期の英ポンド／ドルが好例でした。

図3－15の英ポンド／ドルの一番右側だけを見ると、高値から急激なV字型反落の形で急落したように見えますが、全体を見渡すと、実はかなり長い時間をかけて天井圏が形成されているのがわかります。その過程を振り返ると、上昇トレンドが加速したあと、**スパイクハイA**が出現して、**上ヒゲ高値**を形成。その後高値まで到達できずに反転下落に転じた**弱気リバーサルB**などから、**ローソク足A**の**高値ライン**が強い抵抗帯として意識されることになります。

その後、図の**安値ライン**までいったん下落したものの、時間をかけて再び上昇。

高値ラインに到達した日の**ローソク足C**はいったん高値を更新したものの、当日反落して陰線で引けていますから、明確なフォールスブレイクアウトのシグナルが点灯しました。

プライスアクションにおいては、通常のシグナルよりもダマシのほうが強いシグナルになります。そのため、アウトサイドや弱気リバーサルよりも、高値突破がダマシに終わったフォールスブレイクアウトのほうがより強い下落サインになります。

さらに、Cのローソク足がフォールスブレイクアウトとなったのは、高値ラインを一時的に突破したからですが、この高値はスパイクハイの上ヒゲ高値で、その値動き自体が一種のダマシです。**図の例のように、長い上ヒゲでできた高値を再び上ヒゲで越えたものの、それがダマシに終わったときはフォールスブレイクアウトとスパイクハイが重なった強い複合シグナルになるのです。**

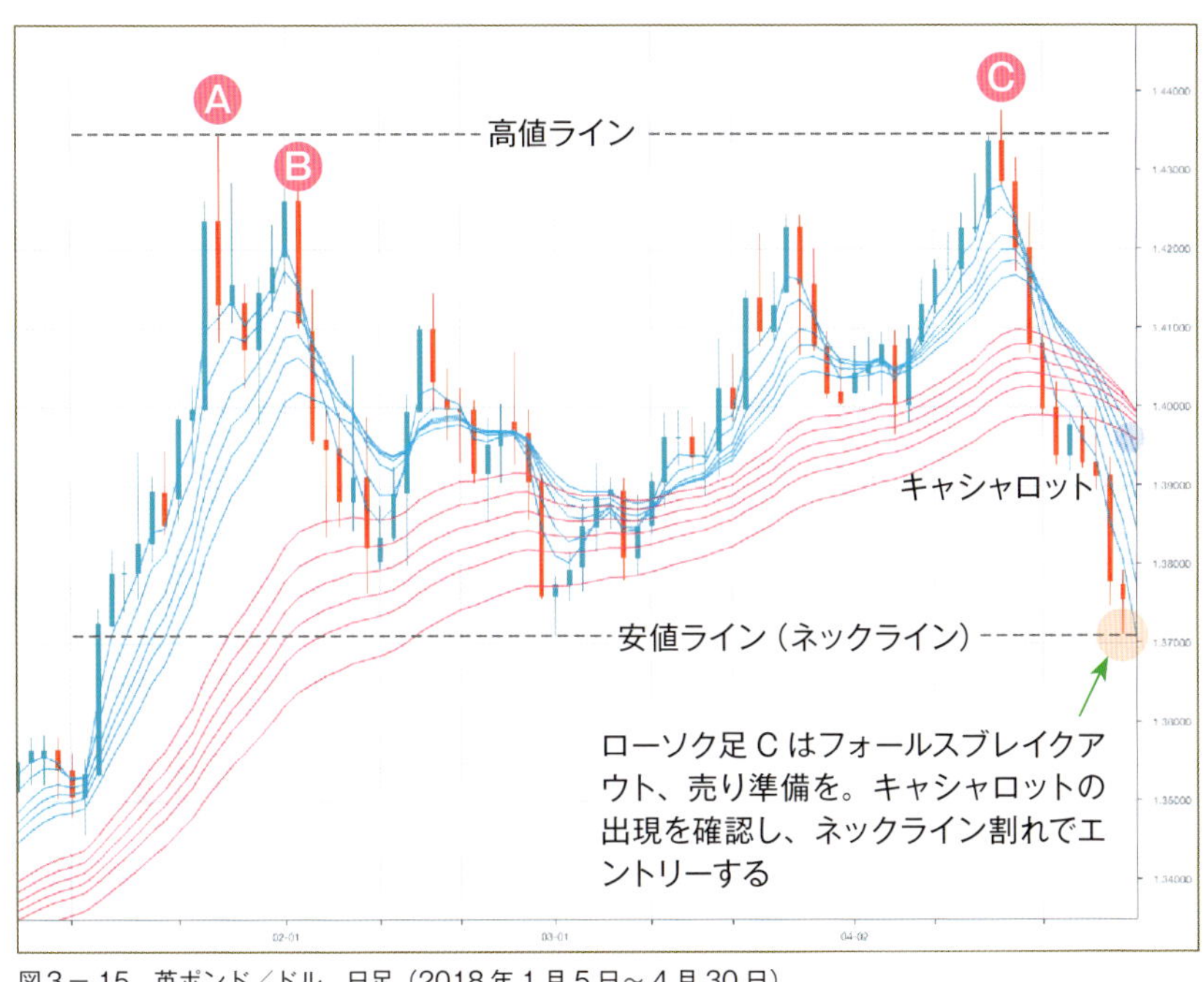

図３－15　英ポンド／ドル　日足（2018年１月５日～４月30日）

フォーメンション分析ではダブルトップの形となりますが、その完成はネックラインである**安値**割れを待つ必要があります。

しかし、Cのローソク足が強いフォールスブレイクアウトであることから、そのサインが点灯した直後にいち早く打診売りを入れることも可能でした。

実際、同サインが点灯したあとはほぼ一本調子で急落しており、Cのローソク足の高値更新失敗を見て「これはフォールスブレイクアウトだ」と気づいていないと、急激な値動きについていけず、置いてけぼりをくらう恐れもありました。

サインの点灯をいち早く見極め、早期フォローしていく重要性を教えてくれる好例といえるでしょう。

メインレジスタンスラインの強化と突破

トレンド転換のパターンとしては、プライスアクションで確認できる強い抵抗帯や支持帯が最後の最後にブレイクされることで、一気に上昇や下落に転じるケースもあります。

図3－16は２０１７年４月前後の英ポンド／円ですが、下降トレンドの最終局面で、下値ラインを切り下げるジリ安の展開が続いていました。その過程で、上ヒゲが長い**スパイクハイ**が何度か出現して**上値の抵抗帯**を確認。下値をさらに切り下げていきました。

その後、いったん切り返してスパイクハイの上ヒゲ高値に迫る**ローソク足A**が出現しましたが、ちょうどＧＭＭＡの長期組の上限に跳ね返される形で下落。これまた、上ヒゲの長いスパイクハイの形となって、抵抗帯がますます強固な壁になりました。

チャート上の抵抗帯や支持帯は、ブレイクが失敗に終わるたびに、強化されていきます。投資家にますます強く意識される、と言い換えてもいいでしょう。トライ失敗も3度目になると、レジスタンスラインをかなり勢いよく突破しない限り、さらにずるずると下落が続く可能性も高くなります。

しかし、２０１７年4月中旬に行われたフランス大統領選挙で、ルペン氏ではなく、マクロン氏優勢が明らかになったことで、底割れ懸念のあった英ポンド／円は大陽線**B**をつけて、反転急上昇に転じます。そして、選挙結果が判明した4月24日には、レジスタンスラインを一気に上回りました。そ

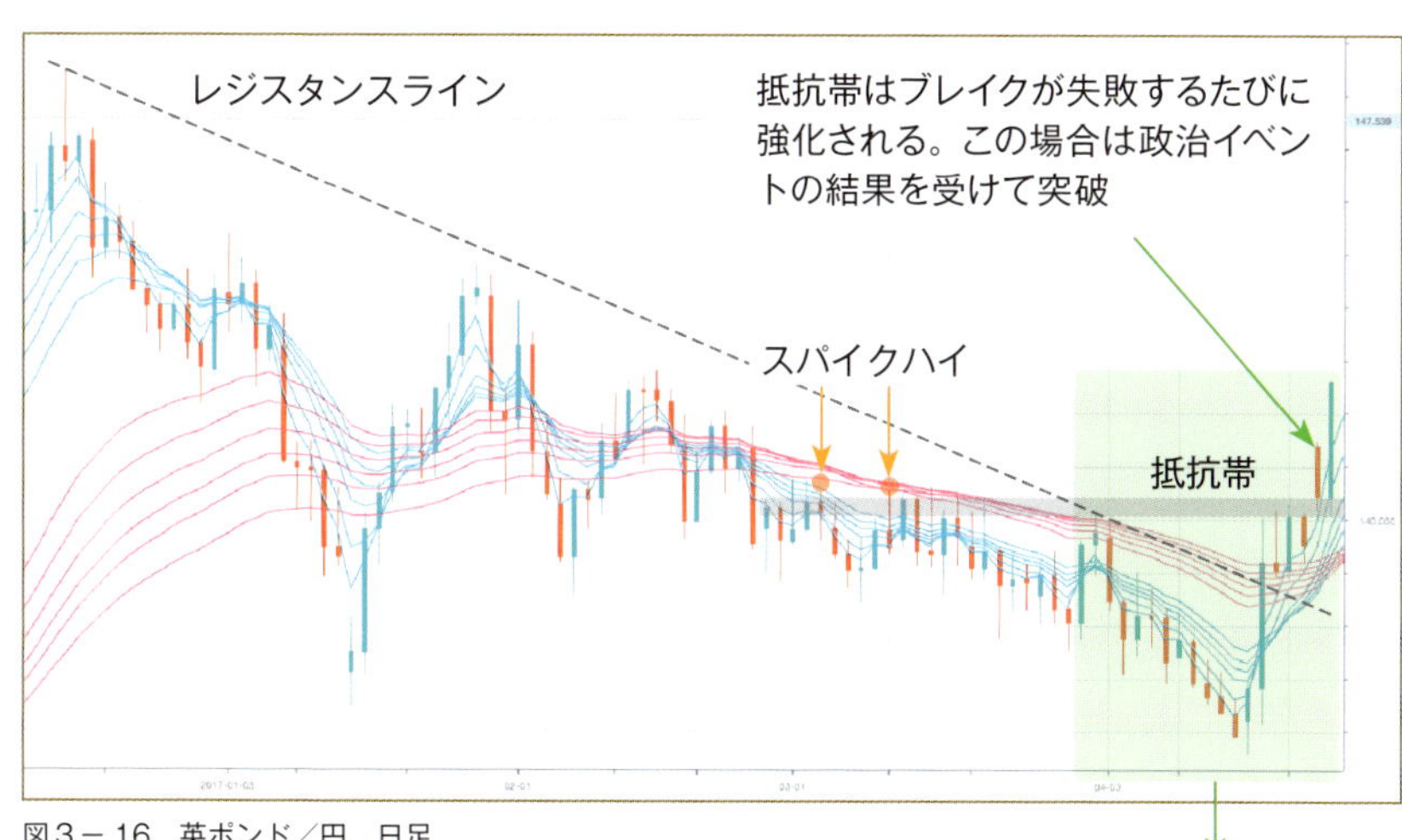

図3－16　英ポンド／円　日足
（2016年12月13日～2017年4月25日）

の日のローソク足は大陰線で終わっていますが、抵抗帯が逆にサポートラインと化し、下値を支える形になっています。

土日を挟んだ取引のために生じた「窓（ローソク足の隙間）」＝ギャップ自体がサポートラインに転じた抵抗帯と合致しているだけに、この窓が埋められず、再上昇する可能性が濃厚で、実際、英ポンド／円は一転、急騰モードに入ってトレンド転換しました。

ＧＭＭＡを見ると、窓を空けて上昇した翌日から翌々日にかけて、「トビウオ」シグナルが点灯。プライスアクションとＧＭＭＡが同じ方向のシグナルを点灯させていることから、このギャップアップは本格的に買いで参戦する絶好のポイントになりました。

ギャップリバーサル（窓埋め）の否定とトレンド転換

図3－17は前ページの英ポンド／円と同じ２０１７年4月前後のドル／円の日足チャートです。土日を挟んでできた窓が、その後のトレンド転換の号砲となった好例です。

ドル／円は画面左でＧＭＭＡの**「キャシャロット」**シグナルが点灯し、下降トレンドが継続していました。しかし、4月23日日曜日に行われたフランス大統領選の結果を受けて、翌24日月曜日の朝にはギャップを空けて上昇しました。

ローソク足の間に**ギャップ**が生じると「窓埋め（ギャップリバーサル）」といって、その後、その窓を埋めるような値動きをするケースが多くなります。図の場合、ギャップを空けて上昇したローソク足はこれまでの**レジスタンスライン**を一気に飛び越えるほど勢いがありましたが、陰線で終わったことから、ギャップリバーサルの可能性も疑われました。

しかし、翌日の大陽線は陰線を包み込むアウトサイドで、過去のレジスタンスラインをサポート役に変えて反転上昇していることから、陰線の下落が「適切な押し」であることも証明。土日を挟んだギャップアップ（窓空け上昇）がダマシでなくホンモノで、ドル／円の底打ちのみならず、上昇トレンドへの明確な転換サインになりました。

翌日には上ヒゲの長い**スパイクハイの陰線**が出て、上昇機運に暗雲が漂いましたが、その後は陽線

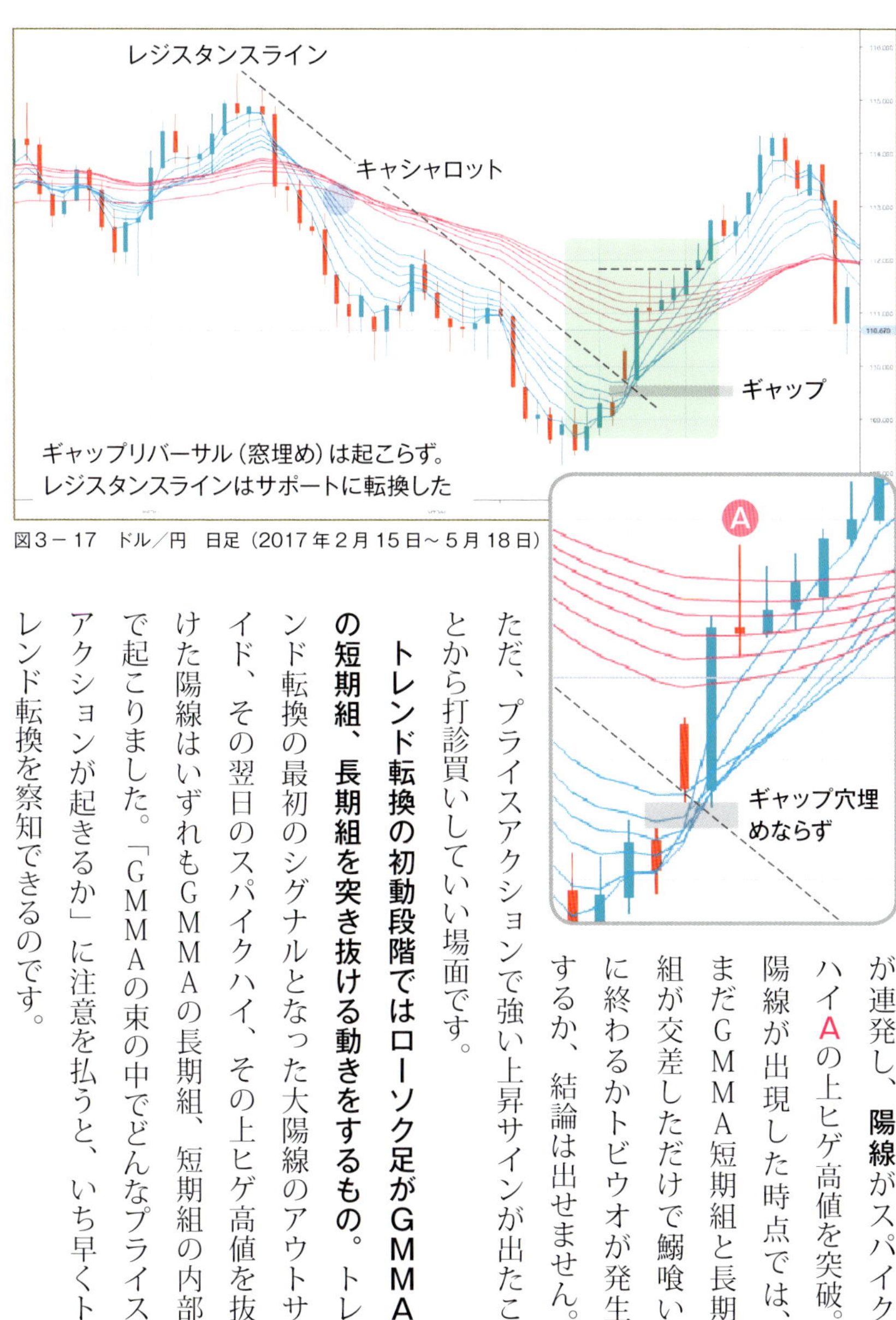

図３－17　ドル／円　日足（2017年２月15日～５月18日）

が連発し、**陽線**がスパイクハイAの上ヒゲ高値を突破。陽線が出現した時点では、まだGMMA短期組と長期組が交差しただけで鯨喰いに終わるかトビウオが発生するか、結論は出せません。

ただ、プライスアクションで強い上昇サインが出たことから打診買いしていい場面です。

トレンド転換の初動段階ではローソク足がGMMAの短期組、長期組を突き抜ける動きをするもの。トレンド転換の最初のシグナルとなった大陽線のアウトサイド、その翌日のスパイクハイ、その上ヒゲ高値を抜けた陽線はいずれもGMMAの長期組、短期組の内部で起こりました。「GMMAの束の中でどんなプライスアクションが起きるか」に注意を払うと、いち早くトレンド転換を察知できるのです。

図3―18のドル/円は、前ページの図3―17で高値をつけたドル/円が下落したあと、ふたたび上昇に転じた値動きです。下落が加速する局面で出た**スパイクローA**の下ヒゲ安値を割り込む**大陰線B**が登場して、安値を切り下げています。「下降トレンド=安値の切り下げが続くこと」ですから、この時点ではまだ下降トレンド継続と判断できます。

その後の細かい値動きを下段にクローズアップしました。大陰線Bに続くローソク足の下ヒゲはさらに安値を更新しましたが、続く2本のローソク足の下ヒゲはこれまでの安値を下回らず、安値が切り上がる展開になっています。

注目したいのは、Bの翌々日のローソク足の下ヒゲが、Bの終値や翌日の始値と同じ価格帯で下げ止まっていることです。非常に微妙なシグナルですが、前日、前々日のローソク足の実体下限が支持帯となって当日の下ヒゲ安値が下げ止まっている状況は「底打ちの兆し」と考えられます。

いずれにせよ、ローソク足はBの翌々日から2日続けて安値が切り上がっていることから、この段階で「1―2―3の法則」の「1」は達成されたと考えられます。

しかも、Bから3日目のローソク足は下ヒゲだけでなく上ヒゲも長い陽線でしたが、その上ヒゲ部分が下降トレンドの高値を結んだレジスタンスラインにタッチしています。

その試みは失敗に終わりましたが、今後、上昇が続けば、レジスタンスラインの突破や直近高値越えという「1―2―3」の「2―3」の達成も意識されてくる展開になることは簡単に予測できました。

トレンド転換やレンジ相場の値動き反転では、必ずP138で見た「1―2―3の法則」が起こり

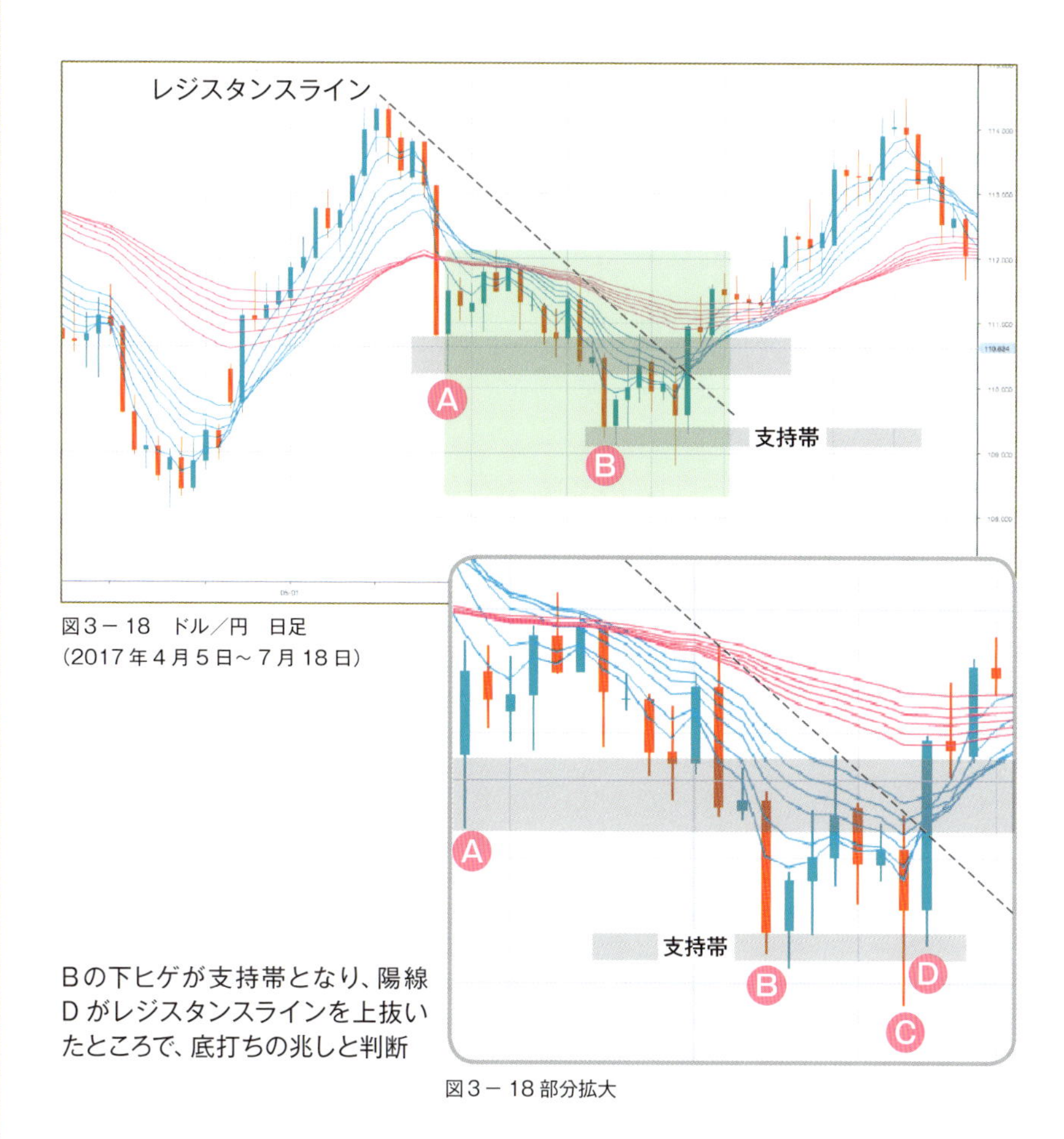

図３－18　ドル／円　日足
(2017年４月５日～７月18日)

図３－18 部分拡大

ます。下落から上昇への転換で起こるのは、①為替レートが直近安値を下回らずに上昇する、②これまでのレジスタンスラインをブレイクする、③直近高値を越える高値まで上昇する、の３つです。

この法則をしっかりと頭に入れておけば、実際に１～３のステップが起こる前の段階から、そのような動きを想定した分析や予測、売買ポイント探しができるのです。

実際の値動きはローソク足Bの下ヒゲが作った支持帯を割り込むスパイクローCが出現するなど波乱の展開でしたが、次の大陽線Dがもう一度1からスタートして「2のレジスタンスラインの突破」と「3の直近高値越え」を同時に達成。「1－2－3の法則」が完成し、その後のドル／円は上昇トレンドへと転換しています。

このように、「高値や安値を更新する値動き」だけでなく、「高値・安値を更新しない値動き」を詳細に観察することが、トレンド転換の初動段階をとらえる基本の観察法になります。当然、1－2－3の法則の「1」が達成されただけでは、まだ底打ちサインは点灯しておらず、点灯する地合いが整った程度に過ぎません。ただ、安値を割り込まない動きが出たら、レジスタンスラインの突破や高値更新がどの地点でどんなふうに起こりそうかも、なんとなく想像できます。

GMMAなどトレンド系指標にも目配りしたうえで、たえず「次の次」を読むクセをつけましょう。むろん、実際にエントリーするのは、レジスタンスラインの突破と高値更新という「1－2－3」がすべて達成されてから。

図では、ローソク足Dの高値を突破する値動きが上昇トレンドへの転換を狙った最初の打診買いポイントになります。

GMMAのトレンド転換シグナル「トビウオ」が完成するのは、図3－18の全体図を見るとわかるように、まだまだずっと先のことです。しかし、「1－2－3の法則」を頭に焼き付けておけば、そのはるか前から早仕掛けするチャンスを見つけることができるのです。

第4章

相性抜群！
トラッキングトレードと
プライスアクション＆GMMA
仮想通貨にも使える！

自動リピート系発注はPA（プライスアクション）＋GMMAと相性抜群

本書ではここまで、プライスアクションとGMMAの有効性を確認し、二つの手法を組み合わせた実戦トレードでの活用事例を見てきました。プライスアクションはまさに値動きそのものを分析しますので、FX取引だけでなく値動きがあるものならば大抵は応用が可能です。

普段私はチャートで判断する手法を扱っていますが、この章ではプライスアクション＋GMMAの更なる可能性を感じていただくため、少し変わった取引にも活用できることをご紹介します。

まずはFXの「自動発注型」注文への応用です。近年のFX取引では「自動発注型」の注文機能が人気で、いくつかのFX会社から注文機能が提供されています。これは取引を全自動で行うシステムトレードとは違って、通常の取引のように投資家自身で取引を始めて、その後は一定間隔で「買い」と「売り」が自動的にシステムで繰り返される注文機能です。

本書にチャート画像を提供してくれたFXブロードネットでも「トラッキングトレード」という自動リピート型の注文機能が提供されています。この注文機能は「買い」か「売り」の方向性をはじめに決めますが、「買い」で始めて上昇トレンドが続けば、一定の値幅で利益の確定が繰り返される仕組みです。反対に「売り」であれば下降トレンドで利益が出るというわけです。つまり、トレンドの発生を初動で検知して開始できれば、自動的に利益を積み上げることが期待できるトレードです。

トラッキングトレードなら値動きのすべてが自動的に利益に変わる

ただし上昇か下降かを間違えないことが重要 そこでGMMA&プライスアクションの出番!

●トラッキングトレード概念図

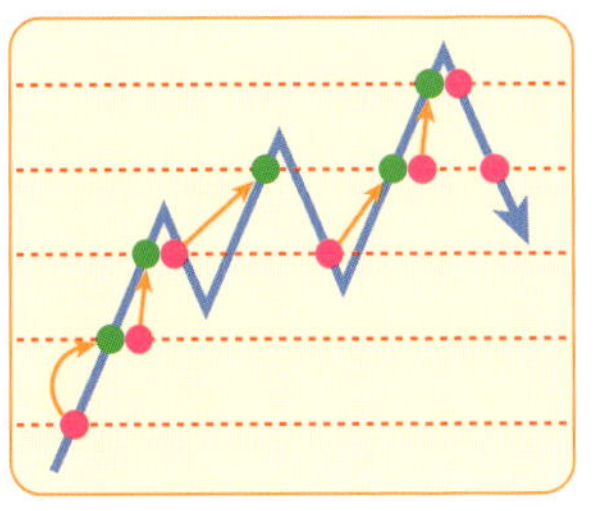

● 新規 買い注文
● 決済 売り注文

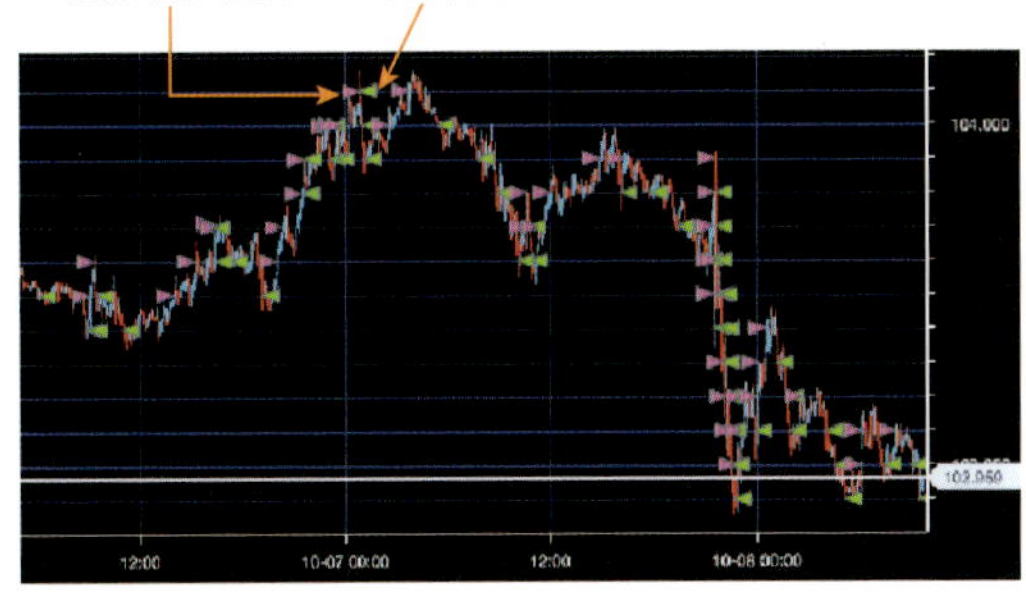

実際のトラッキングトレードの運用例（ドル／円　５分足）

https://www.fxbroadnet.com/

GMMA 表示の手順

①FXブロードネットのホームページから「ダウンロード版取引ツール」をダウンロード

②テクニカルチャートの追加ボタンをクリック

③複合型移動平均線（GMMA）をクリック

トレンドの発生と継続は、私達がここまでに見てきたプライスアクション＋ＧＭＭＡがまさに得意とすることろです。損切りはできても利食いが苦手という投資家は多いので、こうした注文機能を使ってみることも検討してみてはいかがでしょうか。

　上右図のようにＦＸブロードネットのチャートは、自動注文の発注状況や取引履歴を表示することができるので、トレード状況を管理するのにも便利です。私達のトレンド判断に必要なＧＭＭＡも表示できますのでお勧めします。

GMMAで方向性、PA(プライスアクション)で継続・停止を判断する

それでは、トラッキングトレードを例に自動発注型の注文機能でプライスアクション＋GMMAがどのように使えるか見ていきましょう。

トラッキングトレードでまず重要なことは「売買の方向性を間違えないこと」です。「自動発注型」といってもトレードの中身はFX取引と変わりませんので、相場の流れが上向きならば「買い」、下向きならば「売り」でトレードを始めます。

序章で見たように相場の値動きには、利益確定や損切りによる小反発や小反落が起こります。トラッキングトレードはそういった調整の値動きも数十銭刻みで細かく利益を狙うので、相場の大きなトレンドと売買の方向性が合っていれば、自動注文が繰り返し利益を上げてくれるでしょう。

GMMAは短期的な値動きに目を奪われがちな私たち投資家に相場の全体像である「俯瞰図」を与えてくれます。まさにトラッキングトレードが必要とする相場の大きな流れを見るのに最適です。GMMAがローソク足と共にしっかりと右肩上がりになっており、序列も乱れずに移動平均線が拡散していれば、明らかに上昇トレンドと判断してトラッキングトレードでも「買い」と選択できます。値動きとGMMAが反対を向いていれば、当然方向性は「売り」です。

そして、トレンドを利用した取引はトレンドの終焉・転換を確認して停止します。

GMMAが示すトレンドで「買いか売りか」を決め
プライスアクションが示すレンジ幅を参考に
「想定変動幅」を決めれば最適な運用が可能に

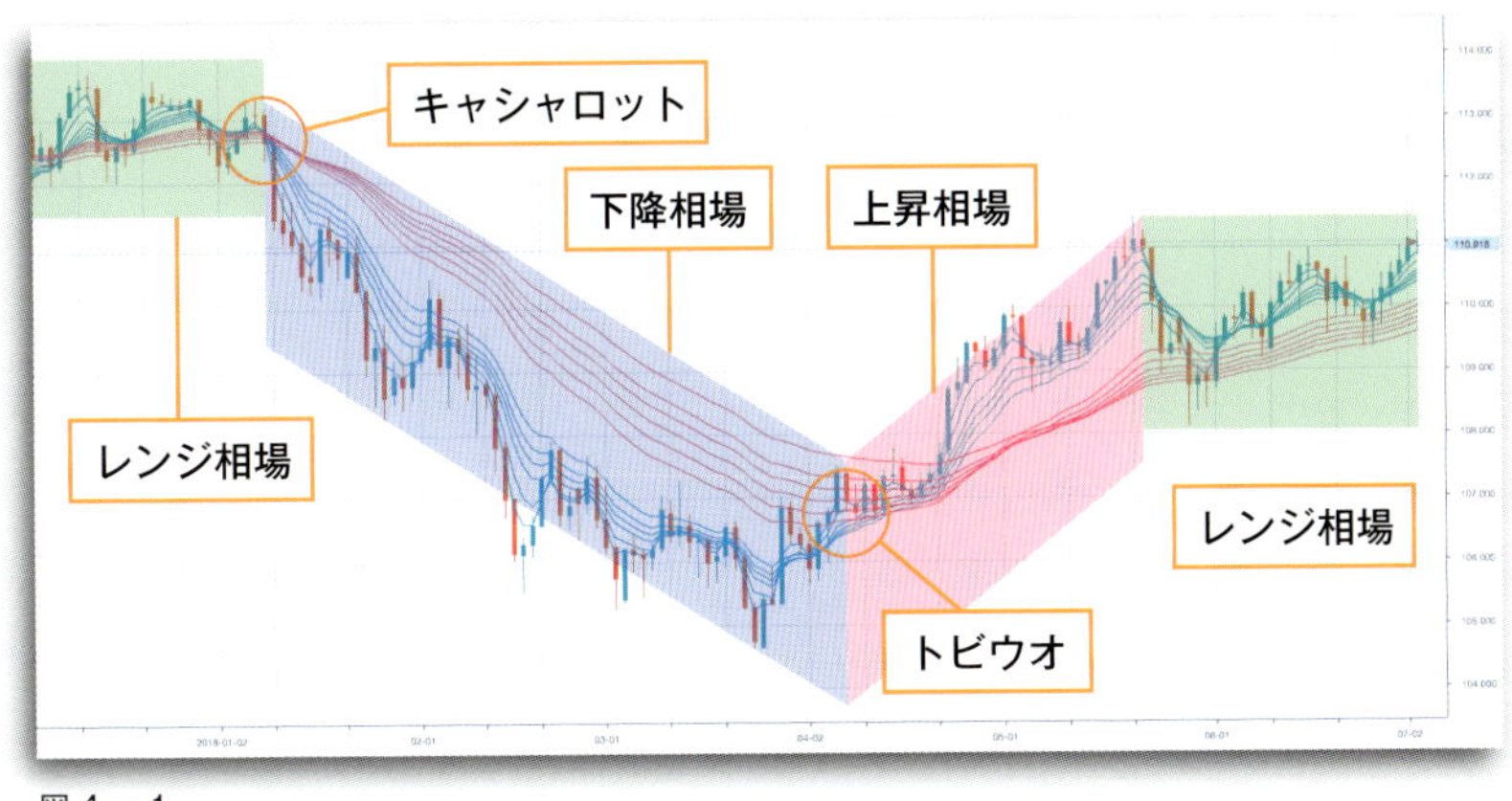

図４－１

ＧＭＭＡは相場の状態を判断するには一目瞭然でとても分かりやすいですが、トレンドの初動や転換が現れるまでに時間を要します。その点ではプライスアクションが勝ります。ピンバーやスパイクが連続して起きる価格帯は、値動きに変化が起こりやすい支持帯・抵抗帯のサインでした。

あらかじめそういった水準を意識しておけば、支持帯や抵抗帯でリバーサルやフォールスブレイクアウト等のプライスアクションが発生したらトラッキングトレードの停止を検討するポイントです。

トレンド終焉時は一時的にレンジ相場が現れることがあり、自動発注型ならその間も利益を狙えるのが強みです。プライスアクション後の値動きやＧＭＭＡで値動きの行方を確認し、自動注文の継続・停止を判断しましょう。

ビットコインなど仮想通貨の値動き分析でも使える

プライスアクションは市場で投資家によって売買され、価格が変動するものなら、どんな金融商品の値動き分析にも使うことができます。

２０１７年に価格が20倍以上に値上がりしたビットコインなど仮想通貨のチャート分析でも当然、威力を発揮します。仮想通貨の取引は投機性が高く、多くの投資家が値動きの勢いに乗じて短期売買を繰り返していると思われます。そういう意味では、投資家心理の裏を読んだプライスアクションのシグナルがＦＸ以上に通用すると考えても間違いではないでしょう。

図４－２はビットコインが２３０万円超の最高値をつけた２０１７年12月前後の週足チャートです。歴史的な高値を形成する中で、ビットコインの週足チャートには天井圏での上昇失速を示すスパイクハイＡが登場しています。図の緑のゾーンにあるローソク足はすべて、Ａのローソク足の値幅の内部での値動きに終始しており、インサイドに相当します。

ビットコインは、Ａの値幅の内部で高値を切り下げ、安値を切り上げていくことで、チャートパターンの「トライアングル（三角保ち合い）」を形成しました。そして、その下限を下放れしたことが、最初の下落シグナルになっています。

それに追い打ちをかけたのが、インサイドの母線安値ラインとなるローソク足Ａの下ヒゲ安値を割

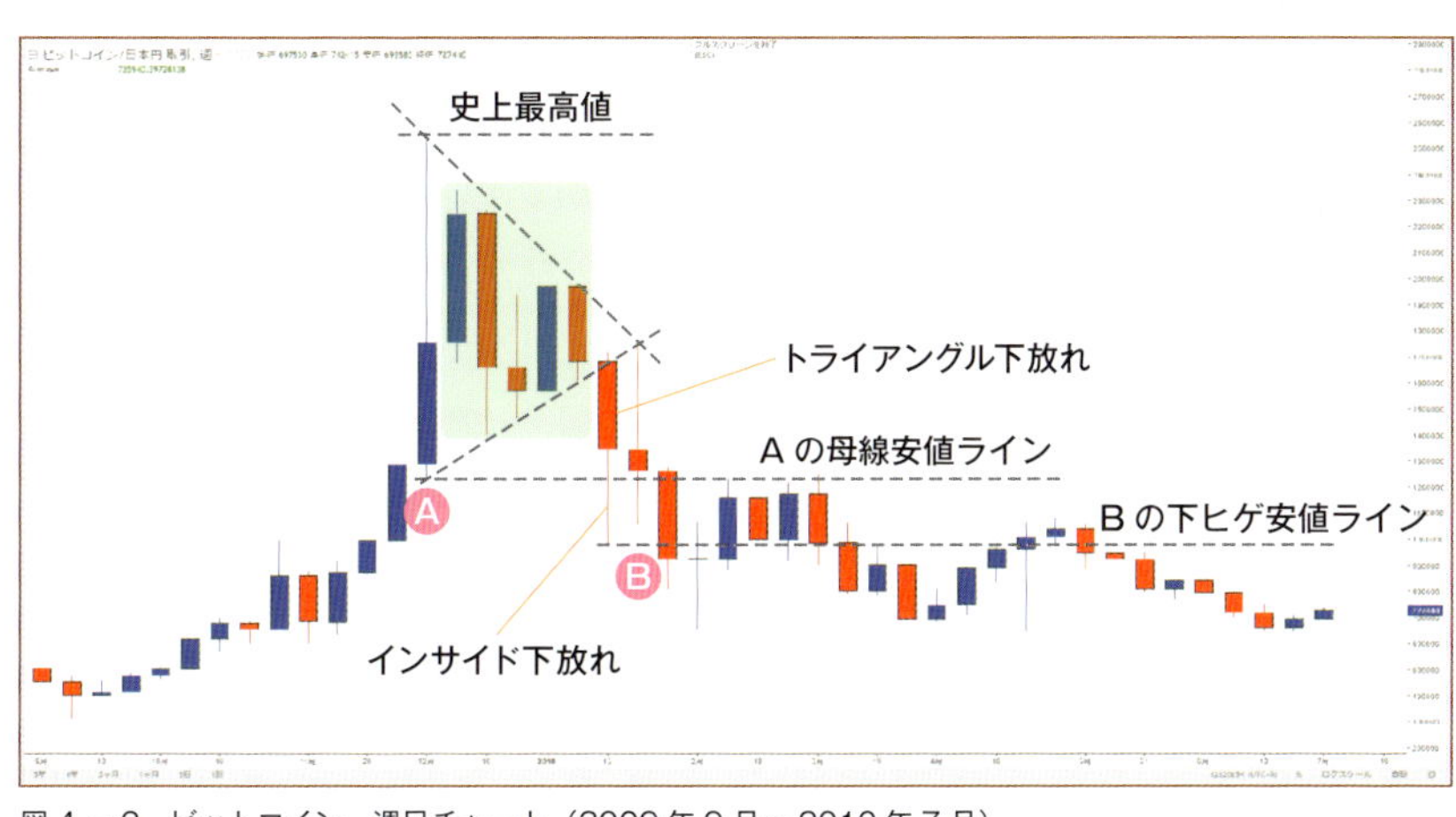

図４－２　ビットコイン　週足チャート（2009 年９月～ 2010 年７月）

り込む値動きでした。

この２つの強烈な下放れシグナルが出たあとに登場したのが、上ヒゲが長い陰線Bです。Bはその上ヒゲでトライアングル下限近辺まで上昇しましたが、「いったんブレイクされた支持帯は抵抗帯に変わる」というセオリー通り、上昇が失速。結局、前日終値を下回る水準まで下落して、弱気リバーサルのシグナルが点灯しています。

さらに、いったん、Aの下ヒゲ安値ラインを越えて上昇したものの、跳ね返されているため、フェイクセットアップのサインも点灯しています。つまり、ローソク足Bの登場を見れば、「ビットコインの歴史的な高騰は終わった可能性が高い」といち早く判断することができました。

実体がなく、なぜ上昇しているのか理由もわかりにくいビットコインでしたが、週足チャートの値動きをプライスアクションの視点で丹念に観察していれば、より客観的大局的な視点で値動きやその分岐点をとらえることができ、急騰や暴落にも冷静に対処できたといえるのです。

ビットコインはこれまでのところ実需というより投資家の思惑で値動きすることが多く、また取引高もＦＸとは比べ物にならないぐらい少ないため、未確認の情報に右往左往して乱高下したり、大口投資家の売買動向に左右されて一方通行の値動きになりやすい性質があります。そのため、チャート上には極端に長いヒゲや大陽線、大陰線が頻出するのが、大きな特徴といえるでしょう。

その点、プライスアクションで「ヒゲの扱い」に慣れていれば、スパイクローの下ヒゲを、その後の値動きの支持帯と考えることができます。また、上昇の過程で上ヒゲが長いスパイクハイが登場すれば、上昇が一時的に失速する可能性が高いことに、いち早く備えることができます。

これまでのレンジ上限を上ヒゲで突破したものの、その突破に失敗して下落して終われば、フォールスブレイクアウトやフェイクセットアップの可能性も疑いましょう。仮想通貨の値動きはＦＸ以上に「ダマシは逆方向への強いシグナル」という考え方がよく当てはまると思います。

ビットコインの値動きの背後では、新規参入する投資家の買いとすでに大量のビットコインを保有する大口投資家の売りがせめぎ合う「化かし合い」「ダマし合い」が繰り広げられています。そうした攻防の中に出た、一際、目を引くダマシやヒゲは投資家心理に大きな影響を与え、その後の値動きを加速・失速させる原動力になりやすいのです。

左ページの**図４－３、４－４**にはビットコインの日足、4時間足チャートを掲載しました。それぞれの時間軸で、プライスアクションの教えが値動き予測に役立っていることがわかります。プライスアクションは、どんな金融商品の値動きにも通用する万能の分析ツールなのです。

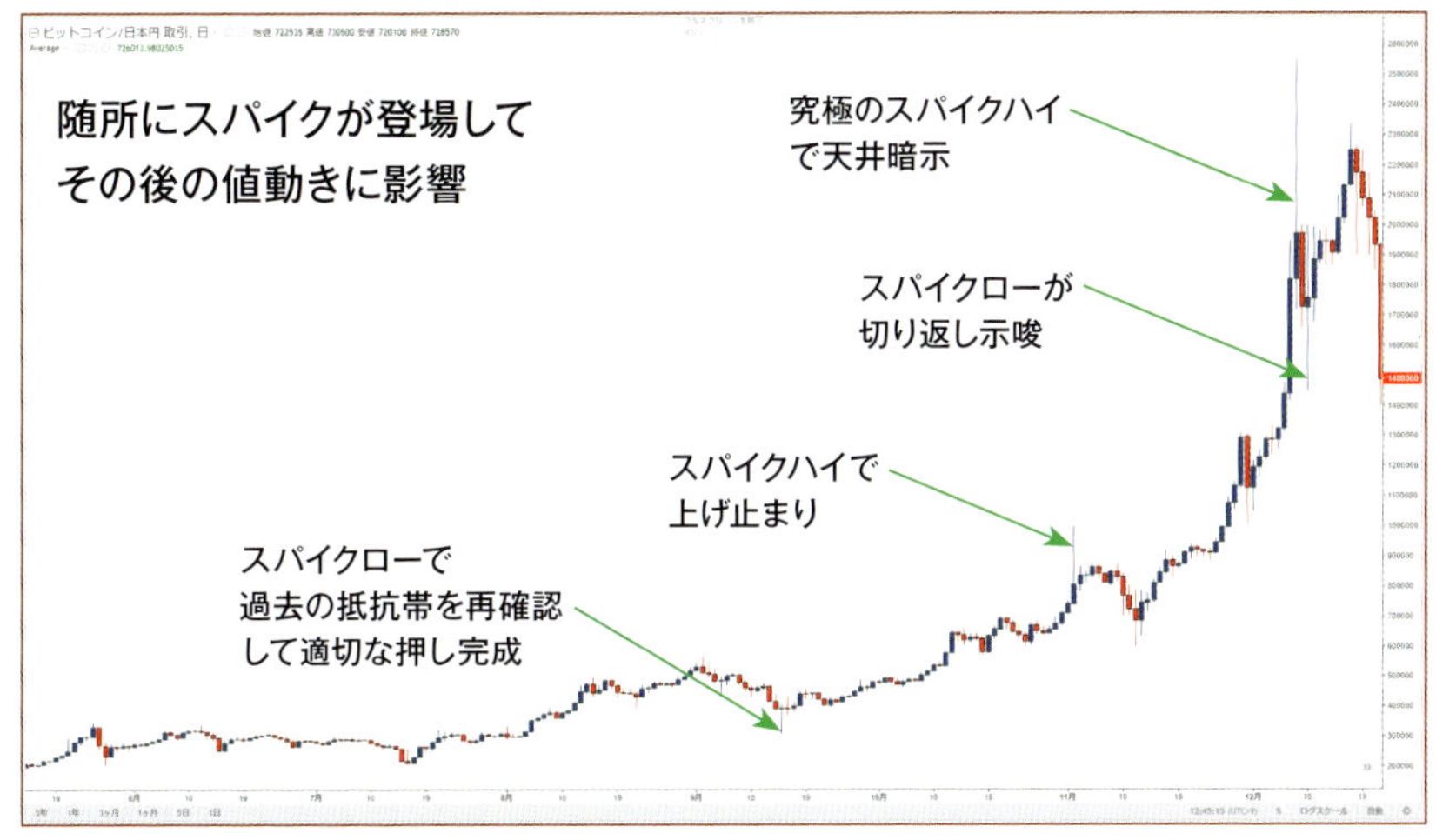

図４－３　ビットコイン　日足チャート（2017 年 05 月 15 日～ 2017 年 12 月 20 日）

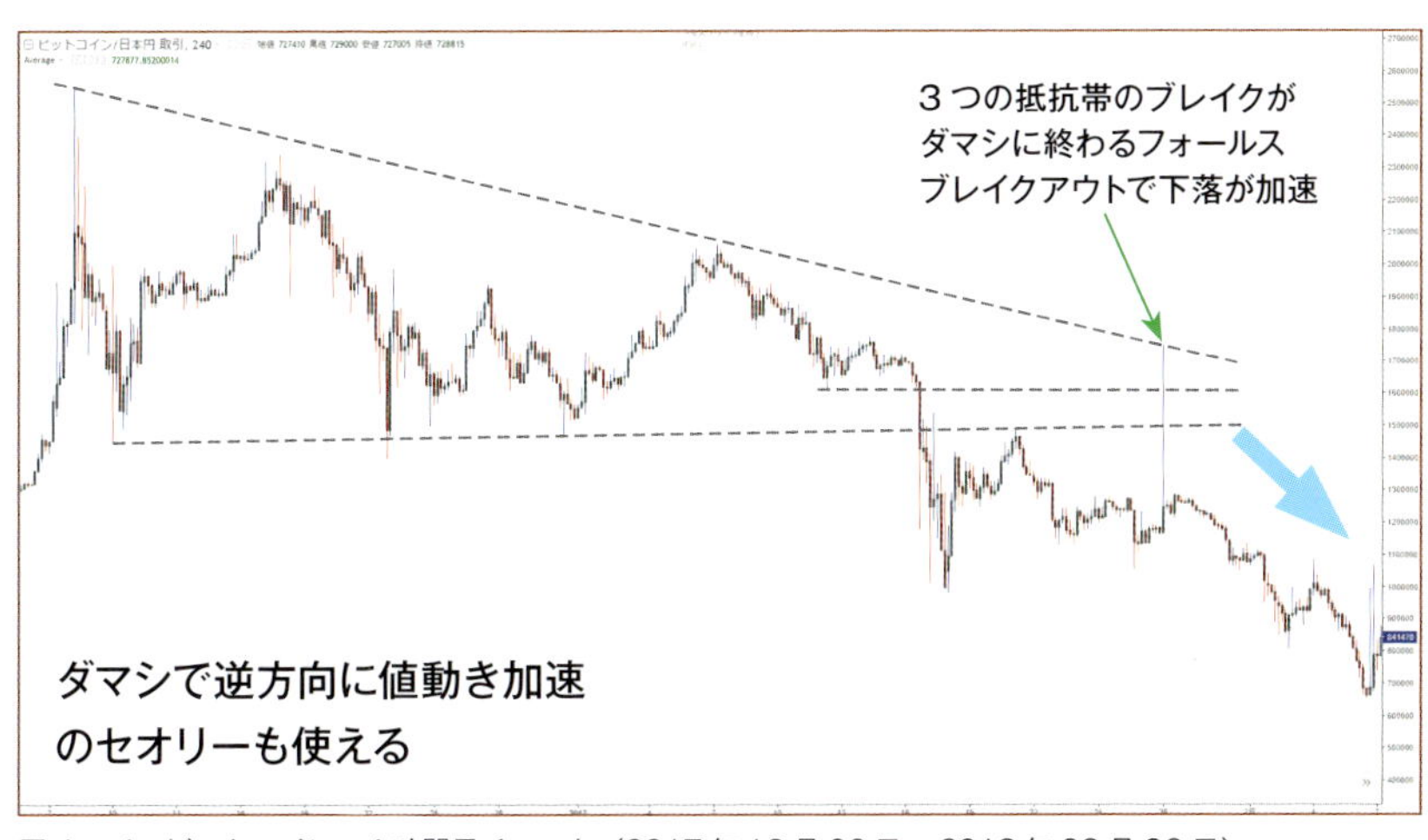

図４－４　ビットコイン　４時間足チャート（2017 年 12 月 06 日～ 2018 年 02 月 06 日）

【著者略歴】
陳 満咲杜（ちん・まさと）
中国・上海生まれ。1992年来日、日本語学校を経て日本大学経済学部に入学。生活費と学費をアルバイトでまかないながら在学中より株式投資を開始。大学卒業後、中国情報専門紙の株式担当記者を経て黎明期（1999年）のＦＸ業界へ。米国の金融機関で研修を重ね、トレーダーやアナリストとしての経験を積む。ＧＣＡエフエックスバンク マネージングディレクター、イーストヒルジャパン チーフアナリストを経て独立（2008年～）、現在はＦＸスクールジャパン株式会社CEOを務め、個人投資家育成に注力。2009年から主にメルマガ「ブルベアＦＸ通信」、コラム「ザイＦＸ！」の執筆を通じてアナリシスを提供、セミナー・講演のほか、テレビ（ＣＣＴＶ）、ラジオ（ラジオ日経）等メディア活動も行う。国際テクニカルアナリスト連盟認定テクニカルアナリスト（CFTe®）。

公式サイト：chinmasato.com
公式ブログ：bbfx.info
ＦＸスクール：fxschool.jp

パターンを覚えるだけで勝率7割超！
FXチャートの読み方

2018年 9月 1日 初版発行
2019年 5月 24日 第7刷発行

発行 **株式会社クロスメディア・パブリッシング**
発行者 小早川 幸一郎
〒151-0051 東京都渋谷区千駄ヶ谷4-20-3 東栄神宮外苑ビル
http://www.cm-publishing.co.jp
■本の内容に関するお問い合わせ先 …………………… TEL (03)5413-3140 ／ FAX (03)5413-3141

発売 **株式会社インプレス**
〒101-0051 東京都千代田区神田神保町一丁目105番地
■乱丁本・落丁本などのお問い合わせ先 ……………… TEL (03)6837-5016 ／ FAX (03)6837-5023
service@impress.co.jp
（受付時間 10:00～12:00、13:00～17:00 土日・祝日を除く）
※古書店で購入されたものについてはお取り替えできません
■書店／販売店のご注文窓口
株式会社インプレス 受注センター ……………………… TEL (048)449-8040 ／ FAX (048)449-8041
株式会社インプレス 出版営業部 ………………………………………………… TEL (03)6837-4635

カバーデザイン 市川さつき（ISSIKI）
本文デザイン 長谷川清一
編集協力 瀬川永士
チャート提供 株式会社FXブロードネット
印刷・製本 株式会社シナノ
ISBN 978-4-295-40213-8 C2033
©Masato Chin 2018 Printed in Japan